절대수익 20%

절대수익 20%

초판 1쇄 발행 2019년 10월 28일
초판 3쇄 발행 2020년 1월 20일

지은이 이재웅

펴낸이 조기흠
편집이사 이홍 / **책임편집** 송병규 / **기획편집** 유소영, 정선영, 임지선, 박단비
마케팅 정재훈, 박태규, 김선영, 홍태형, 배태욱 / **디자인** 이창욱 / **제작** 박성우, 김정우
펴낸곳 한빛비즈 (주) / **주소** 서울시 서대문구 연희로2길 62 4층
전화 02-325-5506 / **팩스** 02-326-1566
등록 2008년 1월 14일 제 25100-2017-000062호

ISBN 979-11-5784-369-5 13320

이 책에 대한 의견이나 오탈자 및 잘못된 내용에 대한 수정 정보는 한빛비즈의 홈페이지나
이메일(hanbitbiz@hanbit.co.kr)로 알려주십시오. 잘못된 책은 구입하신 서점에서 교환해드립니다.
책값은 뒤표지에 표시되어 있습니다.

홈페이지 **www.hanbitbiz.com** / 페이스북 **hanbitbiz.n.book** / 블로그 **blog.hanbitbiz.com**

지금 하지 않으면 할 수 없는 일이 있습니다.
책으로 펴내고 싶은 아이디어나 원고를 메일(**hanbitbiz@hanbit.co.kr**)로 보내주세요.
한빛비즈는 여러분의 소중한 경험과 지식을 기다리고 있습니다.

절대
수익
20%

이재웅 지음

한빛비즈
Hanbit Biz, Inc.

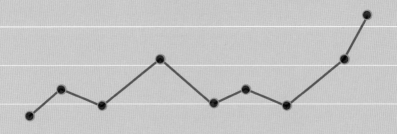

오르는 종목을 찾아내는
주식투자의 맛

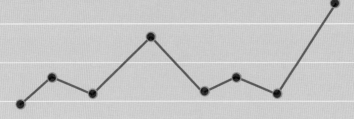

오르는 종목은 언제 발견되는가

지난 9월은 정치권의 공방이 첨예하게 대립하면서 언론이 연일 뜨거웠었다. 지인들을 만나도 정치 이슈가 단연 화제의 앞자리를 장식하기 바빴다. 세간의 관심이 정치 뉴스에 몰리던 9월의 어느 날, 필자는 한 온라인 교육정보 업체를 탐방했다.

2019년은 학교 입시 문제가 사회 이슈로 대두되어 수차례 화제가 되었다. 매번 발생하는 일이라 많은 사람이 대수롭지 않게 여기고 흘려버릴 수 있는 사안이지만, 주식투자를 하고 있는 나에게는 결코 대수롭지 않은 매우 중요한 사안이었다.

인구가 줄면서 전체 학생의 숫자가 점차 줄고 있는 추세이지만, 교육제

연도별 투자 성과

연도	수익률	시장평균
2014년	17.0%	1.9%
2015년	60.0%	14.0%
2016년	25.0%	−2.1%
2017년	33.0%	24.1%
2018년	0.3%	−16.3%
2019년 6월	10.2%	3.3%

자료: 에임하이파트너스

수익률을 기록할 때는 시장 수익률 대비 얼마나 잘했는지도 확인한다. 시장 수익률보다 항상 잘하자는 게 개인적인 목표이기도 하다. 지금까지는 운이 좋게 시장 대비보다 수익률이 좋았다.

도의 시스템 혁신이 필요하다는 목소리가 사회 각계각층에서 나오는 상황에서 교육 개혁으로 수혜를 얻을 수 있는 기업을 찾아보는 것은 투자자의 당연한 투자 원칙이자 습관이라고 생각한다.

아니나 다를까. 탐방을 다녀온 지 얼마 되지 않아 8월 말에 저점을 찍었던 해당 기업의 주가는 9월에 들어서면서 가파른 상승을 거듭했고, 단 며칠 만에 고가의 70% 가까이를 회복했다.

누군가는 이런 투자를 단기 이슈에 따른 테마주 투자나 모멘텀 투자라고 부를 것이다. 하지만 평소 저평가주를 발굴하고 실적을 추적하면서 저점에 머물러 있는 주식을 꾸준히 탐색하고 탐방하는 투자자의 눈에는 '절대수익을 추구하며 잃지 않는 투자'를 하는 사람으로 보일 것이다.

투자자가 시장의 흐름에 휩쓸리는 이유는 무엇일까

우리의 주식시장은 저금리 시대의 생존 전략을 찾아 골몰하고 있다. 최근 5년간 주식 시장의 평균 수익률을 살펴보면 2014년에 간신히 약 2%를 기록했고, 2015년에 14%로 반짝였다가 2016년에 약 -2%로 침체되었다. 그리고 2017년에는 24%로 점프했다가 2018년에는 약 -16%의 급락장으로 투자자들을 몰아넣었다.

그야말로 롤러코스터를 타고 있는 모양새이다. 이런 시장에서 가장 큰 피해를 입는 투자자는 다름 아닌 개미들이다. 흔히 '내가 사면 떨어지고, 내가 팔면 오른다'는 이야기를 하지만, 이러한 시장 상황에서는 일반적인 투자자들이 수익을 내기가 무척 어렵다. 연평균 수익률을 차곡차곡 쌓아서 워런 버핏이 말한 눈덩이를 만들어 복리 효과를 누리면서 수십 년간 장기 수익을 내는 것은 꿈도 꾸기 어려운 상황이 되었다. 자신의 투자 원칙을 기필코 지켜나가겠다는 확고한 결심이 없는 투자자라면, 주식시장에 머무는 것 자체가 악몽처럼 느껴질 것이다.

필자 역시 적지 않은 시행착오를 겪으며 실패를 거듭한 끝에 투자를 접을까 고민했던 적도 있었다. 하지만 지금껏 투자를 지속하고 있는 원동력은 '발로 뛰어서 찾은 실적이 받쳐주는 종목은 배신하지 않는다'는 믿음 때문이다. 단순히 차트 분석에만 매달려 있었다면 아마도 필자는 진작에 주식 투자를 그만두었을 것이다.

필자는 기업탐방을 많이 다닌다. 혼자서 갈 때도 있고, 모임이나 금융권의 지인과 함께 갈 때도 있다. 지금까지 탐방한 기업을 헤아려보면 약 350개 정도 되는 것 같다. 그 기업들이 모두 투자 가치가 있는 회사였을까? 짐작했겠지만 그렇지 않다. 재무제표를 비롯해 기업의 실적과 경영진의 리더십, 업력까지 살펴서 찾아간 회사들이었지만 그 많은 기업 중에서 정말 가슴이 뛰고 손발이 떨릴 정도의 성장 가능성을 보여준 기업은 20개 미만이었다. 그 20개의 종목이 롤러코스터처럼 널뛰는 주식시장에서 내가 잃지 않는 투자자이자, 연평균 수익률을 20% 이상 꾸준히 유지하게 해준 버팀목이 되어주었다.

한 번은 시장이 침체되면서 포트폴리오에 편입된 종목의 주가가 매섭게 가라앉은 적이 있다. 며칠 밤을 지새우며 대응책을 고민하는 모습에 당시 연애중이었던 지금의 아내가 걱정이 이만저만이 아니었다. 그러던 어느 날 서울역에서 잠깐 만난 아내에게 며칠 지방을 다녀오겠다고 말했다. 걱정 가득한 눈빛으로 바라보던 아내는 "잘 다녀와요"라고 말했다. 시간이 지나서 "당신은 그때 뭘 믿고 날 보냈어"라고 물었더니, "모습은 초췌하기 이를 데 없었는데 눈빛이 살아 있더라고"라고 말했다. 그때 KTX를 타고 탐방에 나섰던 대구의 기업은 앞서 말한 20개 종목 중 하나가 되었고, 나의 수익률 방어에 일등공신이 되었다. 더불어 연애 중이던 아내와 결혼을 결심하는 계기가 되었다. 이런 기업이라면, 이런 사람이라면 믿어도 되겠다는 강한 확신이 들었다.

탐방은 투자자에게 있어 불확실한 투자 환경을 최대한 선명하게 보여주고 확신을 갖고 투자할 수 있도록 돕는다. 투자자들은 수많은 지표를 바탕으로 투자 가치가 높은 종목을 찾고 있지만, 투자 여부를 결정하는 것은 결국 실제로 그 기업을 눈으로 마주하고 내가 갖고 있던 궁금증들을 해소했을 때이다. 물론 기업 탐방 횟수가 곧 투자 수익률과 비례하는 것은 아니다. 하지만 탐방 경험이 쌓이다 보면, 투자 판단에 확신도 강해지고, 투자가 잘못되었을 때에도 좌절하기보다는 '내가 놓친 게 무엇일까'를 먼저 생각해보고 배우게 된다.

또한 필자는 지금 시가총액이 높은 기업보다는 앞으로의 성장 가능성이 높아서 1,000억 원 이상의 매출을 내는 중견 기업으로 발돋움할 수 있는 기업을 찾는 것을 목표로 하고 있다. 이런 기업들은 증권사 애널리스트들도 잘 살피지 않는 경우가 많고, 기업의 평균 업력이 23년에 그치는 우리나라에서 쉽게 찾아보기 어려운 경우이기도 하다.

그래서 발품을 팔아야 한다. 이런 기업은 공시 정보와 증권사 리포트만으로는 필요한 정보를 얻기 힘들다. 직접 발로 뛰어야 꼭 필요한 고급 정보를 얻을 수 있다. 그리고 탐방이 끝나면 바로 탐방 자료를 정리하여 분석해놓아야 한다. 바로 매수/매도의 상황이 벌어질 수 있기 때문에 언제든 투자를 실행할 수 있도록 대비해야 한다.

초심을 잃지 않는 투자자가 살아남는다

6년 전, 겨울의 끝자락을 붙든 어느 밤에 아버지께 주식투자를 업으로 삼겠다고 선언했던 일이 생각난다. 아버지께서 "대기업 직장 명함은 아무나 얻는 게 아니다"라고 하시면서 딴 생각 말라고 호통치시던 모습이 지금도 눈에 선하다. 그로부터 한 달 동안, 시시때때로 아버지를 설득하기 위해 무던히 노력했다. "어딘가에 소속되었다는 안정감보다는 내 회사를 만들어서 가능성 있는 기업들을 제 손으로 발굴하고 싶습니다"라는 말씀을 수백 번 말씀드렸고, 앞으로의 투자계획서를 펼쳐놓고 설명했었다. 그 정도로 간절했었다. 어떻게 보면, 나에게 투자한 첫 번째 투자자가 아버지였던 셈이다. 지금도 그때의 초심을 잊지 않기 위해 매일 아침 각오를 다진다.

첫 책을 출간할 때는 두 번째 책은 조금 더 쉬울 줄 알았다. 하지만 아니었다. 두 번째 책의 집필이 훨씬 더 어렵고 많은 시간을 필요로 했다. 처음은 용기와 기백으로 가능했지만, 지금은 더 많은 책임감과 말의 무게를 느끼기 때문일 것이다.

투자자로서 15년, 투자회사를 운영한 지 5년을 넘어서고 있지만, 지금도 갈 길이 멀다. 아직도 부족한 점이 많다. 그럼에도 두 번째 책을 준비한 것은 저금리 시대의 주식시장이지만 지금도 숨은 보석 같은 기업이 살아 있다는 것과 주식투자를 제대로 공부했을 때 희열과 설렘이 분명히 있다는 것을 꼭 전하고 싶었기 때문이다.

이 책을 통해, 주식시장이라는 거대한 숲에서 반딧불이처럼 작은 빛을 내는 소중하고 가치 있는 기업들을 발견하는 법을 꼭 전하고 싶었다. 그게 이 책을 쓴 이유이다. 부디 자신의 눈으로 숨은 보석 같은 종목을 발견하는 기쁨과 그 종목이 가치를 실현하는 순간을 맛보게 되길 기원한다.

PART 1
절대수익 20% 투자자를 위한
시장의 흐름을 읽는 법

PART 2
절대수익 20%를 만든
실전 투자노트

PART 3
절대수익 20%를 위한
안전마진 종목 발굴법

PART 4
절대수익 20%를 위한
투자 습관 7계명

부록
고수들의 투자노트 엿보기

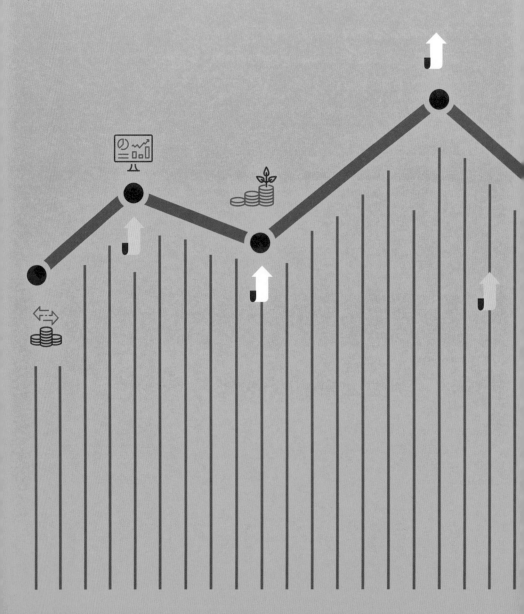

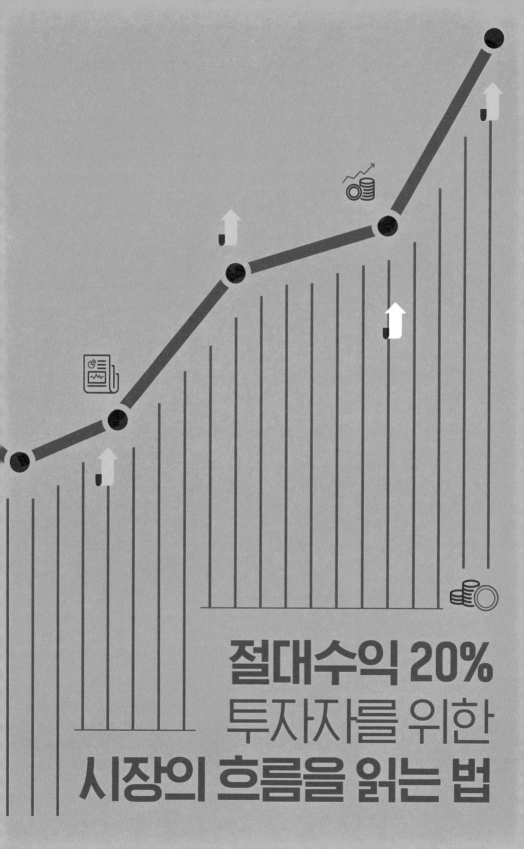

절대수익 20%
투자자를 위한
시장의 흐름을 읽는 법

증시 롤러코스터에서 추락한
개미투자자들

2018년 하반기 주식시장은 참 쉽지 않았다. 코스피는 17%, 코스닥은 15% 하락으로 장을 마감했다. 2017~2018년 5월까지 참 좋았던 주식시장이 2018년 6월부터 주가가 곤두박질치자 적잖이 당황했다. 2,607포인트(역대 최고점)에서 2,000포인트까지 약 23% 하락한 것이다. 연초에 예상했던 3,000포인트 돌파의 꿈이 좌절된 것은 물론, 많은 투자자가 본전도 못 찾고 벼랑 끝으로 내몰렸다.

주가지수가 다시 2016년(2,000포인트)으로 돌아간 상황이었다. 세계 경기 호황과 북한과의 관계 개선으로 지수가 소폭 올랐지만, 시장이 안 좋아지니 지수는 반등의 기미도 없이 잠항을 지속했다. 내려가는 게 정상이긴 한데, 다시 올라갈 희망은 없는 것일까? 많은 투자자가 속앓이했다. 주변만 둘러봐도 투자 금액을 잃었다는 투자자가 대부분이었고, 심지어 주식시장을 떠난 투자자도 많았다. 전문가들도 앞으로 1~2년은 계속 힘들 거라는 전망을 쏟아냈다.

필자가 좋아하는 주식투자의 대가가 있다. 바로 미국의 전설적인 투자자

2017년~2018년 코스피지수 흐름, 시장의 호재와 악재 발생

자료: 네이버증권

2010~2019년까지 차트 흐름이다. 2017년부터 2018년 상반기까지는 글로벌 경기 호황, 북한과의 관계 개선으로 주가 흐름이 좋았다. 하지만 2018년 하반기에는 북·미 정상회담 실패와 미·중 무역전쟁의 격화로 시장지수 하락 폭이 컸다.

2017~2018년 상반기 주가 상승 요인

- 세계 경기 호황(미국 경기 호황, 수요 증가로 원자재 가격 상승)
- 반도체 중심으로 산업 성장(삼성전자, SK하이닉스 D램 가격 상승으로 호황)
- 북한과의 관계 개선 기대감(전쟁 위험 탈피)

2018년 하반기 주가 하락 요인

- 미국 점진적인 금리 상승(미국 금리 2.5%까지 상승, 한국 금리 1.75%, 금리 역전)
- 북·미 정상회담 실패(6월 12일 개최, 완전 핵 폐기와 종전 선언 무산)
- 미·중 무역전쟁(7월 6일, 미국이 중국에 무역 관세 25% 적용, 약 500억 달러 규모)
- 반도체 산업 하락(삼성전자, SK하이닉스 D램 가격 하락으로 침체)
- 내수 경기 부진, 경기침체, 경제성장률 하락
- 고용지표와 실업률지표 개선 없었음

피터 린치다. 그의 책《전설로 떠나는 월가의 영웅》을 보면 흥미로운 일화가 있다. 바로 시장이 하락할 때 나타나는 모습이다. 칵테일 파티에서 새로 만난 사람들에게 자신의 직업이 펀드매니저라고 말했을 때 아무도 관심이 없다면 그 시점이 바로 주식시장의 바닥이고, 반대로 주식투자를 위한 정보를 이것저것 계속 물어보면 주식시장의 꼭짓점이라는 것이다.

'소문난 잔치에 먹을 것이 없다'는 속담이 있다. 그렇다. 이미 누구나 다 수익을 내고 있는 상황이라면 이제 그 시장에서는 별로 먹을 게 없다. 열풍을 일으켰던 비트코인도 그랬다. 많은 사람이 비트코인으로 낸 수익을 인증할 때, 그때가 바로 상승 꼭짓점이었다.

서점에서도 이런 분위기를 감지할 수 있는데, 주식시장의 상승이 이어질 때에는 주식투자 관련 도서가 매대에 넓고 높게 진열되어 있고, 반대로 주식시장이 하락할 때에는 일부만 좁고 낮게 진열되어 있는 것을 볼 수 있다.

피터 린치의 말처럼, 주식시장이 빠졌던 시점(2018년 말~2019년 초)에 친구들이 '주식시장은 괜찮으냐, 손실 많이 보지 않았느냐'고 걱정해주었다. 그만큼 주식시장이 좋지 않다는 것을 대변해준다. 하지만 아무도 관심 없었던 시점(코스피 2,000포인트), 필자는 이때가 하락 조정의 마지막 구간이라고 가늠했다. 주가의 하락세가 이어지고 있으며, 게다가 금리도 낮았다.

2019년은 새해 시작부터 코스피 2,000포인트 선이 붕괴되었다. 상승과 하락을 반복하면서 두려운 분위기를 만들어냈다. 미·중 무역전쟁으로 세계 경제의 둔화가 예견되었고, 이는 미국과 중국 모두에게 부정적 영향을 끼칠 것이라는 전망이 우세했다. 또한 국내 산업을 이끄는 반도체 분야의 성장이 둔화되면서 부정적인 견해들이 힘을 얻고 있다.

그럼에도 불구하고 필자는 2020년의 주식시장을 긍정적으로 보고 있다.

2017~2018 연도 별 주식/증권 vs. 부동산/경매 분야 도서 판매량

연도	주식/증권 판매 권수	주식/증권 판매 증감률	부동산/경매 판매 권수	부동산/경매 판매 증감률
2017년 1~11월	122,850	-2.6%	223,720	25.7%
2018년 1~11월	180,370	46.8%	210,310	-6.0%

출처: 예스24, 2018년 베스트셀러 분석 및 도서판매 동향 발표(채널예스)
httP://ch.yes24.com/Article/View/37588

2017년부터 주식시장이 점점 좋아지고, 부동산 규제정책이 더 강해지면서 2018년부터 주식 책 판매가 점점 늘어나는 모습이다. 2018년 상반기까지는 북한과의 관계가 좋아지면서 주식시장도 긍정적이었다.

미국과 중국 양국이 소모적인 경쟁을 끝내기를 원한다고 믿고, 국내 시장도 5G 시대가 도래하면서 반도체 산업도 다시 활성화될 것이라고 보기 때문이다. 필자가 너무 낙관론으로 일관한다고 생각하는 독자도 있을 것이다. 하지만 절대수익 20%를 추구하면서 꾸준히 연평균 수익률 방어에 성공해온 투자자로서 진심으로 지금의 시장을 긍정적으로 본다. 또한 금리의 변화도 긍정적으로 작용할 것으로 예상한다.

2019년 1분기 상승했던 이유
• 연초 미·중 무역전쟁 협의 진행
• 미국 금리 인상 속도 천천히 진행

2019년 2분기 하락했던 이유
• 5월 미국 2,000억 달러 규모 중국산 수입품 관세율 10%에서 25%로 인상
• 미·중 무역전쟁 격화로 지수 전체적으로 하락

금리를
이해하자

금리는 다들 알고 있는 것처럼 주식, 부동산투자에 있어서 중요한 지표이다. 시장 예측은 무의미하지만, 금리 하나만 잘 알고 있어도 투자 방향을 정할 수 있다. 그만큼 금리에 따라 금융시장이 크게 좌우된다. 금리가 높아지면 이자를 많이 주는 예금, 적금, 채권으로 투자 자금이 몰릴 것이다. 반대로 금리가 낮아지면 돈을 굴려야 하는 자본가와 공격적인 투자자들은 주식, 부동산으로 몰리게 될 것이다.

경제성장률
경제가 성장한 비율. 경제 규모가 커지는 것으로 국내총생산(GDP)이 변화한 정도로 측정된다.

그렇다면 현재 우리나라 금리 수준은 어느 정도일까? 2019년 8월, 우리나라 금리는 1.50%이다. 2019년 7월 18일에 1.75%에서 1.50%로 인하했다. 여전히 금리가 낮은 편에 속한다. 투자자가 위험부담을 느끼는 수준은 아니지만, 현재 우리나라의 경제 상황을 고려한다면 위험하게 느껴질 수 있는 금리 수준이다.

투자자에게 위험부담이 되는 금리 수준은 경제성장률* 지표와 함께 살

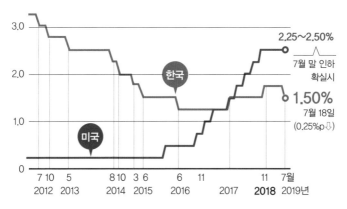

한/미 기준금리 추이

2.25~2.50%
7월 말 인하 확실시

1.50%
7월 18일
(0.25%p⬇)

자료: 한국은행, 미국 연방준비제도(Fed)

미국은 경제 상황이 좋아지면서 금리를 2016년부터 2018년까지 지속적으로 올렸다. 하지만 우리나라는 그 사이에 두 차례 올렸지만, 2019년 7월에는 금리를 한 차례 내렸다. 한국과 미국 간의 금리 역전도 2017년 11월에 일어났다. 이로 인해 한국의 투자 자금이 점점 안전한 미국으로 빠져나가게 됐다.

펴보면 도움이 된다. 경제성장률은 분기별 실질 국내총생산(GDP)의 증가율로, 해당 분기 중 생산된 재화나 용역 총량의 증가 속도를 나타내는 지표다.

우리나라는 최근 10년 동안 평균 3%대의 경제성장률을 유지해왔다. 그러나 2019년 경제성장률은 2.1~2.3%의 수준에 머물 것으로 보인다. 우리나라가 미국과 달리 금리를 공격적으로 올리지 못하는 이유이다.

반면에 미국은 상황이 너무 좋다. 지금 미국은 경제적으로 최대 호황을 누리고 있다. 경제성장률, 고용지표, 실업률지표 모두 수치가 좋은 상황이다. 2018년 2분기에는 경제성장률이 4%를 넘어서면서(2018년 경제성장률은 2.9%로 마감) 전 세계를 놀라게 했다. 그러면서 다우지수 2만 6,951포인트, 나스닥지수 8,133포인트로 당해연도 주가의 최고점을 찍었다.

우리 경제가 호황으로 이어지려면 일단 미국의 경제 상황이 좋아져야한다. 대부분의 수출-수입이 미국으로부터 진행되기 때문이다. 따라서 우리나라는 미국 증시에 큰 영향을 받는다. 또한 중국 경제도 우리나라 경제에 큰 영향을 끼친다. 특히 우리나라는 중국으로 IT 중심의 수출을 많이 하고 있다. 따라서 미국 다음으로 중국의 경제 상황을 꾸준히 확인해볼 필요가 있다.

미국 금리는 현재 2.00% 수준까지 올라왔다. 2016년부터 2018년 말까지 9차례 금리 인상을 진행했다가, 최근(2019년 9월)에 2차례 금리를 내렸다. 물론 미국은 2009년부터 2016년까지 7년 동안 0%의 저금리를 유지하면서 경기 부양에 힘을 쏟았다. 그 결과 실물경제*가 회복되기 시작했고, 경기 선순환 구조를 거치게 됐다. 그 이후 미국은 금리를 계속 올리기 시작했다. 하지만 2019년 6월, 미국은 금리 인상 속도를 최대한 늦추고 있다. 3년 동안 금리를 지속해서 올렸기 때문에 실물경제에 부담을 느꼈을 것이고, GDP 성장률이 둔화하고 있었기 때문이다. 물론 2019년 1분기에 3.2%의 긍정적인 경제성장률을 발표했지만, 중국으로부터 수입이 줄어들면서 순수출이 일시적으로 증가한 부분이 반영되었다. 또한 중국과의 무역전쟁도 더 심화돼서 2019년에 미국은 현재 금리 수준(1.75~2.00%)을 유지할 것으로 보이며, 2020년에도 금리 인상 속도를 최대한 늦추고 2.00%대 금리를 유지할 것으로 보인다.

우리나라 입장에서는 매우 다행이다. 현재 미국(기준금리 1.75~2.00%)이

실물경제
재화나 서비스의 생산, 판매, 소비활동 등의 경제활동을 말한다. 실물경제가 악화되면 소비가 살아나지 않아 노동의 수요가 줄어드는 등 경제활동에 영향을 받는다.

우리나라(기준금리 1.50%)보다 금리가 높은 상태이고, 우리나라의 경우 실물경제(경제성장률, 고용지표, 실업률지표 등)가 미국에 비해 좋지 않아서 투자자금이 쉽게 빠져나갈 수 있다. 만약 미국이 계속 금리를 올린다면 우리나라도 계속 올려야 하는 상황이다. 하지만 속도를 늦춘다면 우리나라 투자자 입장에서는 매우 긍정적인 뉴스다. 우리나라가 금리를 올렸을 경우 실물경제는 더 나빠질 것이고, 주식투자 자금도 예금, 적금, 채권 등으로 옮겨갈 것이다. 이처럼 금리는 매우 중요한 지표다.

2019년 9월 미국 연방공개시장위원회 FOMC(Federal Open Market Committee) 회의록의 결과를 보면, 미국은 2019년에는 2.00%대의 금리를 유지할 것으로 전망되며, 2020년에는 1.75~2.25%의 수준에 머물 것으로 보인다. 2001년, 2007년 미국 금리가 5.00~6.00% 수준에 머물렀던 것에 비교한다면 고금리 수준은 아니지만, 2018년 미국 경제성장률이 3% 수준임을 생각하면 주식투자 하기에는 여전히 긍정적인 시장 상황이다. 미국은 2020년에 경제성장률을 최대로 끌어낼 것으로 보인다. 우리는 이러한 금리 흐름에 맞춰 준비할 필요가 있다.

2020년,
다가오는 투자의 기회

앞으로 우리나라 증시는 괜찮을까? 투자자 대부분은 시장을 부정적으로 보고 있다. 하지만 주식, 부동산투자자에게는 금리 인상 속도가 천천히 올라가는 것만큼 호재는 없다. 심지어 우리나라는 금리 인하 쪽으로 방향을 잡고 있다. 현재 증시(2019년 8월, 코스피지수 1,941포인트)는 미·중 무역전쟁, 반도체 D램 가격 하락, 2차 전지 실적 하락 등의 악재가 반영된 주가지수라고 볼 수 있다.

필자는 2020년에는 주가의 흐름이 좋아질 것으로 생각하는데, 그 이유는 두 가지다. 바로 트럼프가 재선(2020년 11월)에 성공하기 위해 경기 부양에 힘쓸 것이며, 5G 공급 확대 및 폴더블폰 수요 증가로 IT 산업 회생에 긍정적인 영향을 끼칠 것으로 보기 때문이다.

트럼프 재선과 주가 흐름이 어떤 연관이 있을까?

먼저 트럼프의 중간선거 결과를 살펴보자. 트럼프는 중간선거 과정도 전략적으로 이끌면서 성공적이라는 평을 받았다. 트럼프는 중간선거 이전에

미국 경제지표(고용지표, 실업지표)

자료: Thornson Reuters

미국은 2008년 금융위기 이후 제조혁신정책으로 꾸준히 경제성장률을 높여왔다. 이로 인해 고용률을 올리고, 실업률을 낮추면서 경제적인 호황을 누리고 있다. 그래서 2016년부터 금리를 꾸준하게 올릴 수 있었다.

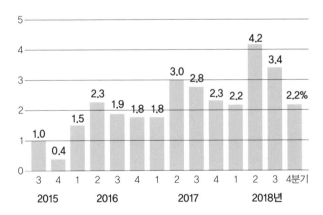

미국 경제성장률 추이

자료: 미국 상무부

미국은 2017년 평균 경제성장률 2.58%, 2018년 3%대를 유지해왔고, 법인세 인하 효과를 보고 있다.

미·중 무역전쟁, 북·미 정상회담, 무역 관세 등의 사안을 모두 미국에 유리한 방향으로 이끌어가면서 지지율을 높였다. 게다가 2018년 2분기, 3분기 각각 경제성장률을 4.2%, 3.4%로 만들어냈고, 고용지표와 실업률지표, 미국 증시, 부동산시장 모두 우호적인 시장 환경을 만들어냈다.

이제 미국의 대선도 2020년 11월로 다가왔다. 트럼프는 재선의 성공을 위해 2019년, 2020년 경제 부양정책 카드를 모두 사용하여 미국 경기 호황의 마지막 방아쇠를 당길 것으로 예측된다. 충분히 가능한 시나리오다. 이 상황은 흡사 기업의 IPO를 통한 상장 절차와 비슷하다. 상장 1~2년 전부터 성공적인 주식 상장을 위해서 기업들은 더 부단히 노력하고, 성장하는 모습을 많이 보여주어서 투자자들로부터 투자 금액을 더 끌어 모으려고 한다.

그렇다면 트럼프는 재선의 승리를 위해서 앞으로 어떤 행동을 취할까?

기업들이 이익을 잘 낼 수 있도록 여러 정책을 제시할 것이다. 2017년 말 트럼프가 법인세를 35%에서 21%로 낮춘 것처럼, 지속해서 기업들이 일하기 좋은 환경을 만들어줄 것이다. 실제로 2018년에 법인세를 낮추면서 GDP 성장률이 평균 3%(2017년 평균 2.58%) 수준으로 올라왔다. 이런 우호적인 환경을 만들어주면 기업의 실적은 증가할 것이고, 미국 증시도 올라갈 것이다. 미국 증시가 좋아지면 전 세계 증시가 좋아질 수 있다. 앞에서 이야기했던 것처럼 금리 인상 속도를 최대한 늦추면서 우호적인 시장 환경을 만들어낼 것으로 보인다.

하지만 일각에서는 미국 대선 전 경기 침체가 온다는 주장도 있다. 어소시에이츠 최고경영자로 헤지펀드 제왕으로 불리는 레이 달리오는 2020년 대선 전 미국 경기 침체 확률을 40%로 제시했다. 또한 10년 만기 미국 국채 수익률이 2년 만기 수익률보다 아래로 내려가는 금리 역전 현상이 발생하면서 경기 침체 공포 이슈에 기름을 부었다.

　잘 생각해보면, 결국 미·중 무역전쟁의 우려감을 표한 부분이다. 장기화될 가능성도 충분히 있지만, 트럼프가 재선에 성공하기 위해서는 중국과의 화해가 필요하다. 최근 2019년 8월에 조사한 여론조사(미 5개 주 유권자 3,014명을 대상으로 지난 8월 13~25일에 진행)에서 트럼프 지지율은 40%대 수준이다. 미국이 중국과 적대적인 관계를 계속 유지한다면 무역 수출은 더 악화되어 경제성장률은 하락할 것이고, 트럼프 지지율도 하락할 것이다. 과거 재선 전에 40%대 지지율을 보였던 미국 대통령들이 당선될 수 있었던 유일한 방법은 경제 활성화였다. 결국 트럼프도 표심을 더 얻기 위해서 2020년에는 경제 활성화에 초점을 맞춰 진행할 것이고, 그로 인해 중국과의 무역전쟁도 중단할 것으로 보인다.

　미·중 무역전쟁에서 미국은 중국을 계속 압박하면서, 결국 미국에 유리한 협의안을 얻어낼 것이다. 물론 중국도 위축된 경제 부분을 내수 부양 정책을 통해 경제성장률을 유지할 것이다. 2019년 6월 G20*에서 트럼프는 시진핑을 만나 추가 관세를 철회하고, 중국 화웨이 기업 제재도 일정 부분 풀었다. 이를 통해 트럼프가 지금 전략적으로 움직이고 있음을 알 수 있다. 우리는 이것을 예의주시해서 투자의 기회로 삼으면 좋을 것 같다.

G20
선진 7개국 정상회담(G7)과 유럽연합(EU) 의장국, 신흥시장 12개국 등 세계 주요 20개국을 회원으로 하는 국제기구

2019년 상반기, 우리나라 주식시장도 쉽지 않았다. 계속되는 미·중 무역

전쟁 격화로 투자 심리가 위축되었다. 반도체 업종은 D램 가격 하락으로 영업이익이 감소했고, 2차 전지 업종은 ESS(Energy Storage System, 에너지 저장 시스템) 화재로 인해 매출이 감소했다. 제약·바이오 업종은 삼성바이오로직스 회계 감사와 코오롱생명과학 인보사* 사태, 건설 업종은 부동산 규제 등으로 기업들의 실적이 좋지 않았다.

또한 하반기에는 일본이 반도체 주요 소재 3개 품목의 수출 규제를 발표하면서 우리나라 경제 성장의 발목을 잡을 수도 있다. 하지만 현재 중국에서의 수입과 국내 시장에서 조달하는 보완책을 준비하고 있다.

그럼에도 불구하고 2020년부터는 다시 기지개를 켤 수 있을 것으로 생각한다. 반도체 업종은 5G 시대를 맞아 서버 D램 수요가 늘어날 것으로 본다. 2019년은 4.5G, 2020년은 본격적인 5G 시대가 열린다. 5G 시대로 넘어가면서 트래픽, 데이터 증가가 일어나면 서버를 증축해야 한다. 거기에 폴더블폰 수요까지 늘어나면 모바일 D램 수요도 늘어날 것이다. 그러면 결국 D램 가격은 반등할 것이고, 우리나라 대표 업체인 삼성전자, SK하이닉스 그리고 반도체 관련 업체들은 모두 수혜를 보게 될 것이다.

2차 전지 업종은 향후 반도체 업종의 뒤를 이을 것이라고 생각한다. 전기차와 대체 에너지 ESS 시장이 커지면 LG화학, 삼성SDI, SK이노베이션도 실적이 크게 성장할 수 있을 것이다. 그동안 ESS 화재 사건으로 정부 조사와 검수를 받으면서 매출의 성장이 더뎠지만, 2019년 하반기부터는 ESS가 재가동되면서 성장하는 업종으로 다시 주목받을 것이다. 이처럼 우리

인보사
인보사케이주. 코오롱생명과학이 2004년 내놓은 국내 첫 유전자 치료제이며, 세계 최초의 골관절염 유전자 치료제로 알려졌다. 그러나 인보사의 주성분이 형질전환 연골세포가 아니라 그 연골세포를 만들 때 실험실에서 썼던 다른 세포였다는 사실이 최근 드러났다.

나라 증시에 반등의 불씨는 여전히 살아 있는 것이다.

결론적으로 미국은 2020년까지 경기 부양을 지속할 것이고, 이로 인해 미국 경기가 좋아진다면 세계 경기가 좋아지는 발판을 마련할 수 있을 것이다. 우리나라 기업들도 IT 중심으로 시장이 다시 살아날 것으로 예측한다. 과거 주식시장 거품의 끝을 보면 증시를 포함한 경제지표가 과하게 올랐다. 하지만 아직 그 단계는 아닌 것으로 보이며, 바닥 신호가 더 많다.

금리를 포함한 경제지표를 추적 관찰하면서 투자 전략과 포트폴리오 운용 전략을 마련하는 것이 좋다. 2007년 때도 글로벌 지표가 정말 좋았고, 모두가 호황에 흠뻑 젖어 있었다. 하지만 우리는 2008년 금융위기를 잊어서는 안 된다. 금융위기가 다시 되풀이될 수 있다는 것을 명심해야 한다. 그리고 이 황금 같은 기회를 반드시 잡아야만 한다.

시장의 변화를
어떻게 예측하는가

투자의 대가들도 시장에 대해 무수히 많은 예측을 하지만, 예측대로 흘러가는 경우는 거의 없다. 그런데도 이런 예측을 하는 것은 경제와 주가의 사이클, 금리 상승과 주가 고점 부담으로 금융위기가 올 가능성이 크기 때문이다. 10~20년에 한 번씩 온다는 금융위기는 항상 방심할 때 찾아온다. 모두가 박수치며 경제 호황을 누릴 때, 그리고 금리가 고점일 때 금융위기는 스리슬쩍 찾아온다.

리먼 사태
2008년 세계적 투자은행인
리먼 브라더스의 파산으로
시작된 금융위기 사태

1998년 IMF 직전에 금리는 10.00~16.00%의 고금리였고, 경제성장률은 7% 수준이었다. 그리고 2008년 미국 리먼 사태* 직전에 금리는 5.00% 수준이었고, 경제성장률은 5.5% 수준이었다. 우리나라 금융위기는 1998년, 2008년이었고, 미국 금융위기는 2000년(IT 거품), 2008년(리먼 사태)이었다. 금융위기 때 주가는 상상할 수 없을 만큼 크게 빠진다. 거의 6~12개월 동안 주가 하락이 계속된다. 반등하나 싶을 때도 하락하는 게 금융위기다. 말 그대로 공포다.

그런데 금융위기 이후로 주가 흐름은 어땠을까? 1998년 코스피는 277 포인트로 최저치를 기록했지만, 1999년에는 1,000포인트까지 약 4배 상승했다. 그리고 2008년 코스피는 930포인트로 최저치를 기록했지만, 2011년에는 2,100포인트까지 약 2배 올랐다. 최악의 공포 이후 저가 매수세가 들어오면 주가를 강하게 끌어올린다.

만약 또 다시 금융위기가 온다면 어떻게 행동해야 할까?

필자는 금융위기 때 온몸으로 시장 하락을 다 맞으면서 버텨냈지만, 결국 시장에서 물러났다. 반등하는 시장에서 투자할 돈도 없었고, 시장만 원망하고 있었다. 하지만 과거의 경제 사이클(1998~2008년)과 최근 약 10년의 예상 경제 사이클(2008~2021년)을 비교해보면서 금리에 따라 시장 주가 사이클이 만들어진다는 것을 깨닫게 되었다. 금리가 고점 부근(3.00~4.00% 이상)이면 주가 사이클도 고점에 머문다. 하지만 고금리 부담으로 경제시장은 무너지고, 그때부터 정부는 금리를 인하하기 시작한다.

중요한 것은 금리를 인하한다는 이야기가 나왔을 때는 이미 주식시장은 크게 하락한 상태라는 것이다. 그래서 금리 인하가 지속되고, 시장지수가 충분히 많이 하락했다면, 주식의 보유 비중을 늘려야 할 시점이다. 반면 금리가 계속 올라 적정 수준(2.00~3.00%) 이상 올라왔을 때는 현금 보유 비중을 조금씩 늘려나가는 게 좋다. '금리가 고점일 때 모두 현금화해야지'라고 생각하는 투자자들이 있다. 하지만 시장 하락은 예상치 못할 때 오는 경우가 많기 때문에 금리가 올라갈 때마다 현금 비중을 늘리는 전략이 좋다.

현재 우리나라의 금리는 1.50%(2019년 8월 기준)이다. 한국은행에서는 당분간은 금리를 올리기 힘들다고 이야기하며, 금리 인하 가능성도 내비쳤다.

1998~2008년 경제 사이클

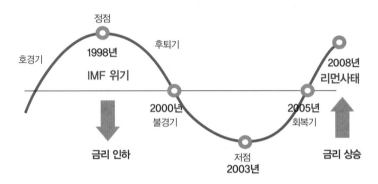

경제 사이클을 보면 금리의 흐름으로 알아볼 수 있다. 1998년 금리가 최고점일 때 금융위기가 왔었고, 2003년까지 금리를 내리면서 경기 부양에 힘을 쏟았다. 그리고 2003~2008년까지 금리를 올렸고, 2008년에 금리 최고점에서 금융위기를 맞았다.

1998~2008년 코스피지수 흐름

자료: 네이버증권 차트

금리가 최고점일 때 시장지수도 최고점이었다. 모두가 증시 호황에 취해 있을 때, 위기는 슬그머니 다가왔다. 2008년 당시 코스피는 2,085포인트로 최고점을 달성했고, 모두 위기가 오지 않을 거라고 호언장담했다.

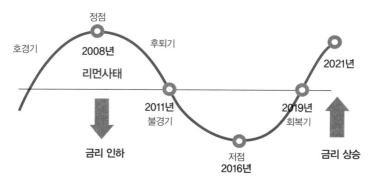

2008~2021년 경제 사이클(예상)

2008년 증시 최고점을 찍은 후 금융위기가 찾아왔다. 그러자 2008~2016년까지 금리를 지속해서 내리기 시작했다. 2016년 미국이 금리를 처음으로 올리기 시작하면서 우리나라도 금리 인상에 속도를 높였다. 하지만 생각보다 경제성장률이 오르지 못하자 금리 인상 속도를 늦췄다. 현재 미·중 무역전쟁, 일본 수출규제, 내수 부진 등으로 발목이 잡힌 듯하지만, 미·중 무역협상, 일본과의 관계협상, 내수 부양 등 대외·대내 정부정책으로 회복을 기대하고 있다.

2008~2018년 코스피지수 흐름

자료: 네이버증권 차트

우리나라 증시는 2009년에 최저점(892포인트)을 달성했다. 하지만 금리 인하로 내수 부양정책을 진행했고, 금융위기에서 회복하는 모습을 보이며 지수도 강하게 반등했다. 2018년까지는 대외 여건으로 우여곡절도 많았지만, 좋은 흐름을 유지했다.

경제지표가 좋아지지 않는 이상 올리기 힘들다는 뜻이다. 당분간 금리를 인상하지 않는다면, 투자자에게는 좋은 기회다. 저금리(2.00% 미만)일 때, 투자 수요가 주식과 부동산으로 몰리기 때문에 주식투자에는 긍정적인 환경을 만들어준다. 기업들도 공격적인 경영이 가능하고, 이자 부담에서 벗어날 수 있다. 주식시장에서도 금리 속도를 늦춘다고 하면, 호재로 받아들여 상승하는 경우가 많았다.

금리가 계속 올라서 1998년, 2008년처럼 금융위기가 왔다고 가정해보자. 어떻게 대응하면 좋을까? 금리가 올라갈 때마다 현금화 전략을 취한다면 큰 타격을 받지 않는다. 반면에 투자 자금에서 현금 보유 비중은 제로이고, 주식 보유 비중이 100%라고 하면 상황은 심각해진다. 너무 갑자기 급락해서 손절매하기도 힘든 상황이 온다. 그러면 시장이 하락하는 동안 모든 손실을 온몸으로 받아내야 하는 최악의 상황이 온다. 이런 상황을 대비하기 위해서는 기준 금리 2.00%에서 0.25%포인트씩 오를 때마다 현금 비중을 10~20%씩 늘려나가는 전략이 중요하다.

현금 비중을 늘려서 시장 하락을 지켜보고 있다면, 이제는 시장이 안정화될 때까지 기다리자. 2008년 리먼 사태 때도 코스피지수가 절반 이상 빠졌다. 지수마저 고점 대비 반 토막 났다면 그때부터 현금을 투입해보는 것도 하나의 방법이다. 또한 모두가 주식시장을 부정적으로 볼 때가 기회이기도 하다.

2008년 금융위기 당시 개별 기업 주가 흐름은 어땠을까?

현대차(현대자동차, 종목코드 005380)와 에스엠(에스엠엔터테인먼트, 종목코드 041510)의 흐름을 확인해보자. 대표적인 두 개 기업을 선정했지만, 다른 기

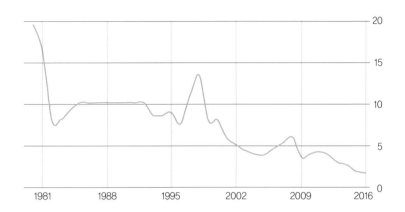

우리나라 역대 금리(1981~2016년)

(%)

자료: Tradingeconomics.com/세계은행

우리나라는 금융위기 전까지는 금리 상승 흐름을 보이다가, 금융위기가 지난 후에는 금리를 급격히 내린다. 그리고 어느 정도 경기가 회복됐을 때는 금리를 다시 올리기 시작한다. 금리가 다시 높이 올라간 시점에서는 경제 체력이 버티지 못하고 금융위기가 찾아온다. 이제는 우리나라도 점점 경제성장률이 낮아지면서, 저금리 시대에 접어들고 있다.

업들도 상승 폭의 차이만 있을 뿐, 주가 흐름은 비슷했다.

　금융위기가 지나고 나면 물 반, 고기 반 현상이 나온다. 무엇을 잡아도 주가는 대부분 올라갔다. 현대차 주가는 2008년 금융위기 당시 2003년 주가(3만 5,000원)로 돌아갔다. 5년 동안 꾸준하게 올랐던 주가가 한순간에 무너졌다. 하지만 회사는 고환율 시장의 영향과 영업력 강화로 실적 개선을 이루며 성장을 만들어냈다. 주가는 가파르게 상승했고, 3년 만에 바닥 대비 8배가 올라가는 놀라운 상황이 발생했다. 그 당시에 지인 한 분이 현대차에 집중 투자했는데, 5배 수익을 내면서 크게 좋아했던 모습이 기억난다. 대형주라고 해서 수익률이 적게 나는 법은 없다. 어떤 가격에 사느냐가 중요하다. 금융위기가 왔을 때 주가가 많이 내린 기업 중에서 앞으로 좋아 질 수 있는 기업을 선택하자. 그러면 수익을 극대화할 수 있다.

2007년에 에스엠 주가는 5,000원에 머물러 있었다. 하지만 금융위기 당 시, 주가는 계속 내리면서 900원에 거래되었다. 시가총액이 200억 원 규 모인 엔터테인먼트 산업 분야 일등 주자의 주가가 900원이라니 말도 안 되는 상황으로 보였다. 하지만 회사가 2008년까지 질적 성장을 이루거나 주가가 급상승할 만한 특별한 이슈나 호재도 없었다. 브랜드 이미지를 개 선하고 수요 확장을 일으킬 만한 간판스타가 부재했기 때문이다.

하지만 2009년부터 상황이 바뀌었다. 주식시장이 반등했고, 걸그룹 소 녀시대가 발표한 〈Gee〉(2009. 01. 05), 〈소원을 말해봐〉(2009. 06. 25) 등의 곡들이 연이어 히트하면서 회사 실적이 크게 향상되었다. 더불어 슈퍼주 니어, 동방신기의 활동이 활발해지고 해외 팬덤을 위한 아시아 지역 투어 가 계속되면서 에스엠의 주가는 4년 만에 저점 대비 93배나 올랐다. 에스 엠만큼은 아니지만 대부분의 주식이 금융위기 후 1~2년 지나고 나서 주 가 흐름이 좋았다. 보통은 바닥 대비 2~3배 상승을 보였다.

금융위기 때 투자해야 하는 이유가 바로 여기에 있다. 남들이 모두 공포 에 떨며 팔고 떠났을 때, 시장지수는 바닥 구간에 있다. 미국 대공황, 석유 파동, IMF 등의 금융위기 이후 주가 흐름을 보면 비슷한 흐름을 보인다는 것을 알 수 있다. 결국 바닥을 다지고 주가는 서서히 오른다. 주식투자가 부동산투자보다 더 매력적인 이유는 투자자들의 과도한 투매로 가격이 비 이성적으로 내리기 때문이다. 이때 정상 가격보다 80~90% 할인된 금액 으로 매수할 수 있다. 이것이 주식투자의 매력이다.

2008년 금융위기 이후 현대차 주가 흐름(3년간, 약 8배 상승)
9만 원(2008년 고점) → 3만 5,750원(2008년 저점) → 26만 원(2011년 고점)

2008년 금융위기 이후에 현대차 주가는 최저점(3만 5,750원)까지 하락했지만, 그 이후로 회사가 성장하면
서 주가는 3년 만에 최고점(27만 2,500원)에 도달했다. 바닥 대비 약 8배 상승한 것이다. 금융위기 때, 좋
은 회사들을 제일 싸게 살 수 있는 기회다.

2008년 금융위기 이후 에스엠 주가 흐름(4년간, 약 93배 상승)
2,700원(2008년 고점) → 770원(2008년 저점) → 7만 1,600원(2012년 고점)

에스엠 주가도 금융위기 때, 주가가 최저점(770원)까지 하락했다. 하지만 엔터테인먼트 1등 기업으로, 위기
를 기회로 삼았고 회사는 지속해서 성장했다. 3년 만에 주가는 최고점(7만 1,600원)까지 상승하면서, 바닥
대비 93배 올랐다.

지금까지 주가 사이클의 흐름을 살펴보면, 10년에 한 번은 금융위기가 있었다는 것을 알 수 있다. 앞으로 1~2년 사이에 지금 투자자들이 느끼는 경제적 위기감이 현실에 반영된 상황과 조우할 수도 있다. 그런 상황이 오지 않는다면 좋겠지만, 주식투자자라면 내 주식이 온전하기를, 악재가 없기를 기도할 것이 아니라 그런 상황이 닥쳤을 때 대비할 수 있도록 지금부터 준비해야 한다. 반등의 수혜를 누릴 종목을 찾고, 현금 보유 비중을 조정하면서 시장 변화에 유연하게 대처할 준비를 해야 한다. 이것이야말로 가장 안정적으로 돈 버는 방법이라고 생각한다. 지난 두 번의 금융위기에서 고수익을 내는 투자자들을 보면서 이런 생각이 더욱 확고해졌다.

　주식시장도 결국 사이클이다. 금리가 오르고 시장지수가 고점에 머물러 있으면 현금화 전략을, 금리가 내리고 시장지수가 저점에 머물러 있으면 주식을 매수해야 할 시점이다. 그렇기 때문에 평생 주식투자가 가능하다. 경기 순환 사이클이 존재하듯이, 기업도 성장과 쇠퇴의 사이클이 존재한다. 성장하는 시기가 있으면 후퇴하는 시기가 있다. 시장도, 업황도, 기업도, 주식도 이런 사이클이 있다는 것을 명심하고 투자하자.
　황금과도 같은 투자 기회는 아무 때나 오지 않는다. '시장에 대한 부정론자는 명성을 얻고, 시장에 대한 긍정론자는 부를 얻는다'는 주식 격언을 반드시 기억하자.

개인은 힘들면 팔아버리고,
선수는 가장 힘들 때 산다

포털 사이트 종목 토론실이나 게시판을 보면, 주가가 하락하는 종목에 대한 부정적인 이야기가 대부분이다. 회사 대표를 욕하는 사람, 다른 투자자들을 가르치려고 하는 사람, 바닥이 뚫렸다면서 주가 급락을 예견하는 글등이 난무한다. 해당 기업에 투자하고 있는 투자자라면 이런 글들에 담겨 있는 분노와 짜증에 쉽게 전염될 수 있다.

이런 현상을 떨어진 주가에 대한 심리적 위안 행위로 봐야 할까, 아니면 주가에 대한 관전평 정도로 생각해야 할까? 혹시 종목 토론 게시판을 보면서 매도하고 싶은 욕구를 느낀 적이 있는가? 만약 이런 글들에 감정과 판단이 흔들린 적이 있다면, 실제로 금융위기가 닥쳤을 때 자신이 주식투자를 지속할 수 있을지 한 번쯤 생각해봐야 한다.

주식시장에서는 감정을 잘 통제해야만 살아남을 수 있다. 필자 또한 이성보다 감정이 앞서 뼈아픈 손절매를 한 적이 있다. 그중에서도 2017년에 투자한 아프리카TV(종목코드 067160)가 대표적인 사례다. 이 종목은 주변의 소음으로 인해 끝까지 보유하지 못하고 최저가에 매도하고 말았다. 주

네이버 국내 증시 종목 토론방 게시판에 올라온 글

날짜	제목	투자의견	글쓴이	조회	공감	비공감
2019.04.24 16:59	장투일지 9일차 [1] 📷	의견없음		68	0	2
2019.04.24 16:52	좀 있으면 99,900원깨고 내려가네 📷	의견없음		45	2	0
2019.04.24 16:33	... 📷	의견없음		89	1	0
2019.04.24 16:16	기왕 빠는거 9자 보즈아 [1] 📷	의견없음		98	2	1
2019.04.24 16:14	오늘 떨어진 이유 📷	의견없음		148	3	0
2019.04.24 16:06	손절이냐 추매냐......... 📷	의견없음		114	1	0
2019.04.24 15:34	보초병 평단 101500원. 📷	의견없음		158	0	0
2019.04.24 15:03	본전이 다들 얼마죠? [5] 📷	의견없음		474	2	0
2019.04.24 15:02	뭐야 📷	의견없음		168	1	0
2019.04.24 14:54	ㅣ 📷	의견없음		149	2	0
2019.04.24 14:52	사자마자 📷	의견없음		191	3	0
2019.04.24 13:24	강심장들만 들이대는 곳 [1] 📷	의견없음		353	2	0
2019.04.24 13:05	OEM 의류만든는곳 보다서 PER낮다...... [1] 📷	의견없음		336	3	0
2019.04.24 11:44	뭐했다고 빠지냐 ㅋㅋㅋ [3] 📷	의견없음		489	8	1
2019.04.24 11:26	헤헤.....100주만 입성 📷	의견없음		439	2	2
2019.04.24 11:08	내가 한 말 잘 새겨들어라. [1] 📷	의견없음		507	0	2
2019.04.24 10:56	정말 싸다. [1] 📷	의견없음		569	6	3
2019.04.24 10:54	야이 대머리 스끼야 [1] 📷	의견없음		225	6	1
2019.04.24 10:47	외국인 📷	의견없음		249	1	0

자료: 네이버증권 게시판

보통 주가가 하락하면 게시판에는 투자자들의 악담으로 도배된다. 하지만 시간이 흘러 많은 투자자가 손절 매하고, 게시판이 조용해지면 그때부터 주가가 오르는 경우가 많았다.

가가 최저가(1만 6,000원)일 때, 포털의 종목 토론방에는 이 회사가 아예 망한 것처럼 이야기하는 투자자들의 글이 난무했다. 그리고 언론 기사도 부정적인 의견이 지배적이었다. 애널리스트들은 목표주가를 하향 조정하기에 바빴고, 너도나도 힘들다는 이야기를 쏟아냈다. 필자 역시 그런 소음을 이겨내지 못했고, 분위기에 휩쓸려 매도했다.

이후 아프리카TV의 주가는 어떻게 됐을까? 주가는 손절매한 이후, 6개월 만에 약 3배 상승했다. 아마 투자자라면 이런 경험을 해봤을 것이다. 내가 팔고 난 이후에 이렇게 주가가 확 오르면 실제로 손실을 겪었을 때보다 심리적으로 더 큰 충격을 받게 된다. '그때 팔지 말걸'이라는 후회와 자

아프리카TV - 소음을 이겨내지 못한 뼈아픈 투자

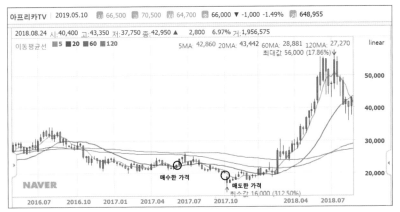

자료: 네이버증권 차트

일시적인 소음을 견뎌내지 못하고, 최저가 부근에서 손절매했던 투자 사례다. 하지만 회사의 전망이 좋았기 때문에 이후 주가는 크게 반등을 했다. 이 투자 경험으로 일시적인 소음에는 손절매하지 않고, 추가매수로 대응해야겠다는 생각을 하게 됐다.

책을 하게 되고, 자신감 결여와 판단력 상실의 악순환이 반복된다. 중요한 건, 이런 실수를 한번 하고 나면 비슷한 상황에 처할 때 동일한 실수를 반복하는 경우가 생각보다 많다는 것이다. 주가가 저점으로 떨어지면 공포에 매도하고, 반대로 주가가 고점으로 오르면 그때부터 매수하기를 반복하다 보니 당연히 손실률이 높아질 수밖에 없다. 이런 경험이 연속되고 지속되면 트라우마가 생긴다.

필자는 아프리카TV 매도로 뼈아픈 손절매 경험을 한 후 투자 전략을 과감하게 수정했다. 같은 실수를 반복하지 않기 위한 특단의 전략으로 장기적으로 좋아질 것으로 생각되는 종목은 손절매하는 것이 아니라 추가매수하여 평균단가를 낮추는 전략을 짠 것이다. 이렇게 하면 단기적인 이슈와 노이즈에 휩쓸리지 않고 해당 기업의 성장 가능성과 주가 반영 상황에 초

나스미디어 – 손절하지 않고 추가매수로 대응했던 투자 사례

일시적으로 실적이 나오지 않아서 주가가 크게 빠졌지만, 다시 실적이 회복하면서 주가가 크게 반등했던 투자 사례다. 이 투자 경험으로 일시적인 이슈라면 추가매수로 대응해서 평균단가를 낮추는 투자 전략을 세우고 있다.

점을 맞춰 투자하는 것이 가능하다. 몇 번의 시행착오를 거치며 시장의 심리를 극복하기 위한 나름의 방편을 구축한 것이다.

2017년에 나스미디어(종목코드 089600)를 매수해서 좋은 수익으로 마무리했다. 하지만 2018년에 주가가 많이 내렸고, 다시 관심 있게 지켜봤다. 2018년 7월에 나스미디어를 5만 8,000원에 다시 매수했다. 그때도 주가가 고점 대비 30% 하락한 지점이었고, 주가가 너무 과하게 빠졌다고 생각해서 매수를 진행했다. 하지만 그 이후로 2분기 실적 발표 결과가 예상보다 저조했고, 주가는 끝을 모르고 하락했다. 결국은 2만 6,200원까지 빠지게 되었다. 고점 대비 가격이 거의 4분의 1까지 내린 것이다. 반 토막이 아니라 4분의 1 토막이 되었다.

주식투자를 하면서 이런 경우는 처음이었다. 주변에서는 긍정적으로 이야기하는 사람이 한 명도 없었다. 애널리스트, 개인투자자까지 모두 그 시점에 나스미디어 투자에서 떠났다. 하지만 장기적으로 디지털 광고시장은 계속 성장할 것이다. 그런데 1년의 성장이 저조하다고 해서 이렇게 주가가 하락하는 건 이해되지 않았다. 결국 필자는 추가매수를 진행했고, 목표주가를 5만 5,000원으로 낮추고 기다렸다. 사실 이렇게 빠질 줄 알았다면 추가매수를 천천히 했어야 했는데, 조금 급하게 하는 바람에 평균단가를 많이 낮추지는 못했다. 물론 처음에 매수했을 때보다 기대치는 낮아졌다.

회사 상황을 봤을 때 주가는 충분히 5만~6만 원까지 올라올 수 있다고 판단했다. 그리고 2019년 예상 실적 기준으로 적정 PER*은 20배 정도로, 그에 따라 목표주가를 5만 5,000원으로 설정하였다. 다행히도 2019년 1분기에 영업이익이 전년 대비 12.6% 성장했다. 실적 성장세에 힘입어 주가는 2019년 4월부터 바닥을 다지고 올라오기 시작했고, 필자의 손실 폭도 많이 줄어들었다. 만약 하락하는 바닥 구간에서 감정적으로 대응해 매도했다면 더 큰 손실로 이어졌을 것이다.

> PER(Price Earning Ratio, 주가수익비율)
> 현재 시장에서 매매되는 회사의 주식가격을 주당순이익으로 나눈 값
>
> 신저가
> 주식시장에서 지금까지 한 번도 내리지 못했던 가격으로 정해진 낮은 주가

개인투자자들이 가장 힘들어할 때, 증권사 애널리스트마저 해당 기업의 리포트를 다루지 않을 때, 언론에서 유례가 없는 신저가*라고 이야기할 때, 바로 이때 고수들은 매수한다. 주가가 바닥인 기업 중에서 앞으로 좋아질 수 있는 기업을 찾아서 투자해야 한다. 기업이 저평가되어 있으면서 꾸준히 실적을 낼 수 있는 비즈니스 모델을 갖고 있다면, 이 종목은 반등할 때 주가의 등락 폭이 크다. 이런 기업들은 대부분 시간이 지나면 주가를 회복하고 제자리를 찾아가게 된다.

주가는 과거가 아닌,
미래를 보고 움직인다

코어가 되는 눈덩이에 투자하라

가치투자라고 하면 많은 투자자는 단타 매매의 반대말이자 초장기 투자를 생각한다. 마치 '패스트푸드'의 반대 개념인 '슬로 푸드'처럼 말이다. 가치투자 대가들의 격언 'Buy & Hold 하라(사서 보유하라)', '주식은 사는 것이지, 파는 게 아니다' 같은 말들이 대중이 이런 인식을 갖게 하는 데 영향을 주었다. 일반투자자들이 생각하는 가치투자는 '성장 가능성, 즉 미래 가치가 높고 시장에서 저평가된 기업의 주식을 싸게 산다. 그리고 장기로, 길게는 수십 년 가까이 보유하고 있으면 언젠가 목표 수익에 도달할 것이고, 그때야 매도를 고려하는 투자 방식'으로 생각하는 경우가 많다. 하지만 알아둘 것이 있다. 워런 버핏도 주식을 사고판다. 워런 버핏뿐만 아니라 많은 가치투자자가 주식을 생각보다 빨리 자주 사고판다. 왜일까?

'실적 중심으로, 단기적인 수익률 달성을 추구하느냐', '가치 지향적으로, 미래 가치를 보고 한 종목을 오랫동안 보유하느냐', 이 두 가지 투자 방식

가치투자의 전설 벤자민 그레이엄(좌)과 워런 버핏(우)

중에서 어느 것이 옳으냐를 논하는 것은 큰 의미가 없다고 본다. 왜냐하면 지금은 어느 한 가지 방식에만 치중하고 다른 방식을 완전히 배제하는 투자 방식은 찾아보기 힘들다. 뿐만 아니라 개인의 투자 성향과 재정 상황에 따라 적합한 투자 방식을 찾아야 한다. 그리고 때에 따라 두 가지 방식을 적절히 구사하는 것이 합리적이라고 생각한다.

필자는 현재 가치투자를 지향하면서, 실적 투자를 병행하고 있다. 가치투자자들이 말하는 눈덩이를 잃지 않고 계속 굴리는 것이 중요하다는 말은 하나의 종목을 발굴해서 거대한 눈덩이가 될 때까지 굴리라는 말이 아니다. '연평균 수익률'이라는, 코어가 되는 눈덩이를 키울 좋은 가치주들을 발굴해 수익을 실현하면서 살을 붙이라는 말이다. 그래서 첫째도 잃지 않는 투자, 둘째도 잃지 않는 투자가 중요하다고 말한다. 필자 역시 이런 생각으로 투자하고 있다.

운이 좋거나 실력이 좋으면, 단기적으로 수백 %의 고수익을 낼 수 있다. 또는 장기적으로 수익과 손실을 반복하면서 1~5%대의 저조한 수익률을 유지할 수도 있다. 하지만 장기적으로 수십 년에 걸쳐 연평균 수익률을

20%로 유지하는 경우는 거의 없다. 워런 버핏을 비롯한 전설적인 가치투자자들이 추앙받는 이유가 뭘까? 그들은 수백 %의 고수익을 기록한 적은 거의 없지만 수십 년에 걸쳐 연평균 수익률 20%를 유지했고, 복리 효과로 눈덩이처럼 부를 쌓을 수 있다는 것을 증명했기 때문이다. 지금도 뇌리에 남아 있는 유명한 투자자들 중에서 놀라운 고수익의 마술사들이 많은지, 꾸준한 수익률을 올린 가치투자가들이 많은지 한번 짚어보기 바란다.

그렇다면 실적이 좋은 기업만 골라서 포트폴리오를 짜고 목표주가를 달성할 때마다 수익을 실현하면 거대한 눈덩이를 만들어 굴릴 수 있을까? 하지만 실적이 좋은 기업은 이미 가치가 가격에 반영되어 있는 경우가 대부분이다. 향후 더 실적이 좋아질 수도 있지 않겠느냐고 묻는다면, "그럴 수도 있고 아닐 수도 있지만 중요한 것은 미래다"라고 말하고 싶다.

지금까지 실적이 잘 나왔던 기업들만 골라서 투자한다면 투자는 정말 쉬워진다. 이미 답이 나왔는데 문제를 못 푸는 사람이 누가 있을까? 이 방식대로만 투자해서 수익을 낼 수 있다면 누구나 돈을 쉽게 벌 수 있을 것이다. 물론 실적이 잘 나왔던 기업들이 미래 실적도 긍정적일 가능성이 높다. 실적이 잘 나왔는데 현재 주가까지 바닥 구간이라면 오히려 매수의 기회로 삼을 수도 있다. 그렇다면 이런 기업들만 선별해서 투자하면 되는 것일까?

그렇지 않다. 주가는 철저히 미래의 기대감만으로 움직이기 때문이다. 만약 그 회사가 '지금까지만 돈을 잘 벌었던 구조'라면 어떨까? 그렇다면 과거의 실적은 주식투자에서 의미가 없는 지표가 될 것이다. 우리가 주식투자를 할 때 해당 기업에 대해 꼭 고민해볼 내용이 있다.

1. 지금까지 실적은 잘 나왔다. 그런데 앞으로 미래는 어둡다.

2. 지금까지 실적은 잘 나왔다. 그리고 앞으로 미래도 좋아진다.

3. 지금까지 실적은 별로다. 그리고 앞으로 미래도 어둡다.

4. 지금까지 실적은 별로다. 그런데 앞으로 미래는 괜찮아진다.

이 중 어떤 유형의 기업을 선택할 것인가? 당연히 2번이나 4번을 택할 것이다. 그 어떤 투자자라도 그 기업의 미래가 좋지 않다면 투자하고 싶지 않을 것이다. 백이면 백, 1번이나 3번을 선택하지는 않을 것이란 이야기다. 내 돈으로 하는 투자라면 당연한 선택으로, 2번이나 4번의 기업을 찾으려고 할 것이다.

하지만 이것은 이상이다. 그렇다면 현실은 어떨까. 우리가 막상 투자할 때에는 생각보다 1번을 선택하는 경우가 많다. 지금까지 그 기업의 실적이 잘 나왔으니 앞으로 미래 실적도 좋을 것으로 가늠하기 때문이다. 이 중에서 갈수록 실적이 나빠지는 기업, 그 경우가 1번의 경우다.

혹시 이 회사의 미래가 좋을지, 좋지 않을지에 대한 이유를 찾아본 적이 있는가? 아마 찾아보지 않은 투자자가 많을 것이다. 그렇다. 실제로는 조사와 연구 없이 투자하는 경우가 상당히 많다.

주식투자를 하는 이유는 앞으로 이 회사의 비전과 미래가 밝아 보이기 때문이다. 단순히 가격이 싸다는 이유만으로 주식을 매수해서는 안 된다. 미래가 보이지 않는 기업이라면 주가는 계속 저평가 상태로 남을 수 있는데 이 부분을 중요하게 생각하지 않는 경우가 많다. 물론 저평가되었던 주식이 시간이 지나서 가격이 다시 오를 수 있다. 하지만 그 시기는 몇 년, 또는 그 이상이 걸릴지도 모른다. 그 기업이 주목받을 때가 되었을 즈음에는 그 기업을 제대로 연구하고 매수해도 될 것이다. 모든 투자자가 같은 생각으로 해당 종목을 쳐다보고 연구하고 있겠지만….

투자에서는 시간도 귀중하다. "과거는 중요하지 않아요. 앞으로가 중요하죠." 이런 말을 들어봤을 것이다. 그렇다, 과거는 중요하지 않다. 단지 참고할 뿐이다. 그 회사가 과거에 실적이 잘 나왔다면 그것으로 어느 정도 신뢰를 얻을 수는 있다. 하지만 과거에 실적이 잘 나왔다고 해도 미래에도 무조건 잘 나온다는 보장은 없다. 그렇기 때문에 회사의 미래를 보고 투자해야 한다. 회사의 과거와 현재 상황이 좋지 않아도, 미래에 좋아질 수 있는 소재가 있다면 그때가 바로 투자 적기다. 혹은 회사가 지금까지 잘해왔고, 향후에도 걱정 없는 미래가 보인다면 편안하게 투자를 진행할 수 있다. 그렇다면 지금은 실적이 나쁜데 미래에 실적이 좋아질 기업과 지금도 실적이 좋지만 미래에도 실적이 좋아질 기업은 어떻게 찾아야 할까?

주식의 과거와 미래, 어디를 봐야 하는가

PBR(Price Book-value
Ratio, 주당순자산가치)
주가와 1주당 순자산을 비교
하여 나타낸 비율(주가/주당
순자산가치)로 1주당 몇 배로
매매되고 있는지를 보기 위
한 주가기준

가치투자 방식 중에서 '퀀트투자(Quant investment)'가 있다. 전년도 실적을 바탕으로 저평가된 기업을 골라서 투자하는 방식이다. 자본수익률(Return on capital)과 이익수익률(Earnings yield)이라는 두 가지 지표만을 가지고 20년간 836배의 수익을 거둔 조엘 그린블라트가 대표적인 투자자다. 예를 들어, PER 15배 이하, 부채비율 100% 미만, PBR* 1배 이하 등의 기업을 추려서 투자하는데, 앞으로의 기업 스토리보다는 과거 지표에 맞춰 투자하는 방식이다. 그런데 이렇게 투자하면 수익 실현이 가능할지 의문이 든다. 앞서 이야기했듯이 지금까지 실적이 잘 나왔던 것이 그 회사의 미래 보증 수표가 될 수 없다. 만약 이 방식이 확실했다면 이미 전 세계적으로 유행하는 주식투자 방식으로 자리 잡았을 것이다.

주변에도 퀀트투자 방식을 이용해 주식투자를 하는 지인들이 꽤 있었다. 하지만 그들 중에서 지금까지 퀀트투자를 고수하는 사람은 한 명도 없다. 한두 번의 단맛을 본 경우는 있었지만 종목, 즉 기업의 미래 실적과 가치에 대한 치밀한 분석 없이 하는 투자는 도박에 가깝다는 교훈을 얻었다고 한다.

여기서 핵심은 바로 이것이다. 주식투자는 기업의 미래를 보고 투자해야 한다는 것이다. 이렇게 반문할 수도 있다. "아니, 한 치 앞도 예상하기 어려운데 어떻게 미래를 예측하는가?" 그렇다. 미래를 예측하는 건 정말 어려운 일이다. 하지만 회사의 정확한 실적을 디테일하게 예측하라는 게 아니라, 그 회사의 경영 방향성과 스토리를 살펴보고 투자하라는 것이다.

기업분석과 미래 예측에 힘 쏟는 투자자라면, 반드시 목표 수익을 거둘 수 있다고 생각한다. 앞으로 어떤 이유로 회사가 좋아지고 성장할 수 있는가에 대해 분석해보고, 그런 스토리를 찾을 수 있다면 승부를 걸어볼 만하다.

예를 들어보자. 시장조사 전문업체 카운터포인트리서치는 전 세계적으로 전기차 판매량이 2019년에는 200만 대, 2025년에는 1,100만 대까지 성장할 것으로 예측했다. 전기차 관련 업종과 부품업체들의 방향과 스토리가 좋아지고 있고, 해당 기업들의 실적이 그것을 증명한 다음 기사에 언급된 LG화학과 SK이노베이션은 주가가 꾸준히 상승 중이다.

글로벌 전기차 시장 전망도 장밋빛이다. 시장조사업체 카운터포인트리서치에 따르면 글로벌 전기차 시장은 올해 200만 대, 2025년 1,100만 대까지 성장할 것으로 보인다. 비록 중국 시장을 뚫지 못했지만 국내 배터리업체 수주 실적도 괜찮은 편이다. LG화학, 삼성SDI, SK이노베이션 등 국내 배터리 3사의 지난해 신규 수주액은 110조 원을 넘어섰다. 석유화학, 자동차 수출액을 앞지른 데다 국내 최대 수출 품목인 반도체의 연간 수출 규모(141조 원)와도 큰 차이가 나지 않는다. 중국 시장 빗장이 뚫릴 경우 머지않아 반도체 수출 규모를 훌쩍 넘어설 것이란 전망도 나온다.

출처: 〈매경이코노미〉 'LG · 삼성 전기차 배터리 기지개?' 기사(2019.04.22) 발췌

현대차그룹은 올해 초 E-GMP(Electric Global Modular Platform) 1차분 발주를 완료했다. LG화학과 SK이노베이션 중 한 곳이 선정됐으며 회사명은 비공개다. 이 물량은 2021년 출시하는 현대 · 기아차 친환경차(전동화 모델)에 공급된다. 최근엔 2022년 출시할 모델에 탑재할 2차분 발주가 시작됐다. 이어 2021년엔 3차분 발주가 예고돼 있고 1~3차 모두 LG화학과 SK이노베이션 두 곳이 경쟁한다.

출처: 〈세계일보〉 '"16조 원을 잡아라"… LG · SK, 현대차 배터리 수주 전쟁' 기사(2019.06.19)

LG화학은 중국 지리자동차와 손잡았다. 전 세계 최대 전기차 시장인 중국에서 안정적인 배터리 판매처를 확보했다는 데 의미가 있다. 전기차 시장조사업체 EV세일즈에 따르면 지리자동차는 지난해 전 세계에서 일곱 번째로 전기차를 많이 판업체다.(중략)
후발주자인 SK이노베이션의 투자도 발 빠르다. 이 회사는 세계 최대 자동차업체 폭스바겐과 협업하기로 했다. 국내 배터리 업계 한 관계자는 "SK이노베이션과 폭스바겐의 합작법인 설립 얘기는 지난해부터 관심을 끈 '빅딜'"이라며 "현재 논의가 진행 중인 것으로 알고 있고 이르면 올해 안에 발표가 나올 것"이라고 내다봤다.(중략)

출처: 〈중앙일보〉 '세계 전기 배터리 시장은 '땅 따먹기' 전쟁 중' 기사(2019.06.18)

물론 중간에 꾸준히 추적 관찰을 해야겠지만, 방향성이 맞는다면 관련 업체들은 지속적으로 성장할 것이다. 또한 장기적으로 성장하는 기업에 투자한다면, 주가가 내려가더라도 조금 더 여유 있게 기다릴 수 있다.

가끔 부동산투자와 주식투자를 비교해볼 때가 있는데, 두 분야의 투자 방식이 비슷한 경우가 많다. 부동산투자를 할 때도 해당 지역 매물이 향후 가치가 올라갈 것으로 생각하고 투자한다. GTX 노선이 들어오고, 지하철이 들어오고, 산업단지가 들어서고, 정부정책의 혜택을 받을 가능성이 높은 이유를 들면서 매물을 매수할 것이다. 열거한 이유를 보면, 대부분 미래에 대한 기대감이다. 그렇다. 미래에 대한 기대감으로 우리는 투자하는 것이다. 그러므로 객관적인 정보를 바탕으로 이를 수치화하고, 신뢰 있는 정보를 바탕으로 미래를 분석하면 된다.

내 자식이 아무리 과거에 속을 썩였어도 부모님은 용서해줄 수 있다. 진정으로 사과를 드리고, 앞으로 잘하겠다는 이야기를 들으면 부모님은 눈물을 흘리며 용서할 것이다. 내 자식이 앞으로 잘할 수 있다는 기대감에 환하게 웃을 수 있을 것이다. 실제로도 그런 변화가 보이고 있다면 더는 걱정하지 않을 것이다.

주식투자도 다를 게 없다. 과거를 참고하되, 앞으로 회사의 긍정적인 미래를 보고 투자해야 한다.

실적이 받쳐줘야
1등 주식이 된다

우리나라를 대표하는 1등 기업은 어디일까? 삼성이라고 이야기하는 사람이 대부분이다. 그렇다. 현재 삼성전자(종목코드 005930)가 우리나라 1등 기업이다. 그렇다면 1등의 기준은 뭘까? 주가가 높은 게 1등 기업일까? 그렇지 않다. 2019년 8월 기준으로 삼성전자 주가는 약 4만 3,000원대이다. 그렇다면 삼성전자는 중소기업인 건가?

1등의 기준은 시가총액이다. 시가총액이란 '주가×주식 수'이다. 결국 주가가 높든지, 주식 수가 많으면 시가총액이 높아진다. 현재 삼성전자의 주가는 4만 원대이지만 시가총액이 1등(약 286조 5,496억 원, 2019년 10월 기준)인 이유는 투자된 주식 수가 많기 때문이다.

그러면 삼성전자가 시가총액 1등을 할 수 있었던 이유는 뭘까? 그 이유는 우리나라에서 연간 영업이익을 가장 잘 내고 있기 때문이다. 그러나 삼성전자도 앞으로 실적이 좋아지지 않으면 언제든지 1등을 다른 기업에게 내줄 수 있다. 결국 실적이 핵심이다.

회사는 분기마다 실적 발표를 한다. 3월, 6월, 9월, 12월에 결산을 마치고 +45일 이내로 실적을 정리해 발표한다. 실적 발표에 따라 주가 움직임도 변화가 생긴다. '실적이 잘 나왔다, 못 나왔다'는 기준은 전년 대비 분기 실적이다. 전년 대비 얼마나 성장했느냐가 정말 중요하다. 즉 전년 대비 증감률(YOY; Year On Year)이 역성장했다면, 즉 실적이 감소했다면 주가는 크게 하락할 것이다. 반면 크게 증가했다면 주가는 크게 오를 것이다.

하지만 삼성전자, SK하이닉스는 2018년 연간 실적이 상승했음에도 불구하고, 2018년 연말의 주가는 오히려 연초 대비 약 20% 하락했다. 이런 경우에는 어떻게 해석해야 할까? 상반기까지는 호실적 때문에 주가 흐름이 좋았다. 그런데 하반기에 미·중 무역전쟁으로 반도체 수요가 좋지 않을 거라는 우려감이 있었다. 반도체 D램 가격도 잘 유지했지만 무역전쟁 이후 D램 가격이 본격적으로 하락하기 시작했다.

2018년 3분기까지는 무역전쟁 초입 단계여서 실적에 영향이 없었다. 하지만 무역전쟁이 격화되는 시점인 4분기부터 본격적으로 실적이 꺾이기 시작했다. D램 가격이 하락하기 시작했으니 2019년도 실적이 당연히 좋지 않을 거라는 투자 심리가 반영되면서 주가 흐름도 좋지 않았다. 만약 향후 미·중 무역전쟁이 타협 국면으로 간다면 다시 D램 가격은 반등할 것이고, 삼성전자와 SK하이닉스는 다시 호실적을 기록할 것이다. 또한 향후의 미래 기대감 때문에 주가도 상승할 수 있을 것이다.

회사의 실적 발표 전에 시장에서 기대하고 있는 실적이 있다. 이를 예상 실적이라고 하는데, 애널리스트가 쓴 리포트나 기업에서 제시하는 예상 전망치 또는 전 분기 실적이 기준이 된다. 이것을 시장의 합의된 의견으로

어닝(Earning)
기업의 실적

어닝 시즌
분기, 반기별 기업들이 집중
적으로 그동안의 영업 실적
을 발표하는 시기

어닝 서프라이즈
기업의 영업성적이 예상치
보다 훨씬 초과했을 때, 깜짝
효과라고도 한다.

어닝 쇼크
기업이 실적을 발표할 때 예
상치보다 저조한 실적을 발
표하는 것을 말한다. 예상치
보다 실적이 저조하면 주가
가 떨어지기도 하고, 저조한
실적을 발표해도 예상치보다
나쁘지 않으면 주가가 오르
기도 한다.

보아 컨센서스(Consensus) 또는 시장 컨센서스라고 하
는데, 분기 실적 발표 전에 다음 분기의 실적을 예상할
때 유용한 지표가 된다.

앞서 전년 대비 증감률의 성장 여부가 중요하다고 말
했는데, 시장에서 추정한 컨센서스를 만족하는지도 중
요하다. 컨센서스보다 실적이 더 잘 나왔다면 어닝 서프
라이즈(Earnings Surprise)*라고 하고, 못 나왔다면 어닝
쇼크(Earning Shock)*라고 한다. 기대를 충족하는 영화
가 대박이 나는 것처럼, 기대치를 반영하는 주식도 가파
르게 상승한다. 그래서 투자 기업의 전년 대비 증감률이
성장했는지, 시장 컨센서스 대비 충족했는지를 반드시
확인해볼 필요가 있다.

결국 실적을 예측하는 것이 우리가 풀어야 할 숙제
로, 가장 어려운 부분이다. "아니, 해당 회사 직원도 가늠
하기가 어려운 것이 실적인데, 투자자가 어떻게 실적을
예측하는가? 직원도 내부정보를 듣지 않는 이상 실적을 예측하기 어려운
데…" 정확히 실적을 맞추라는 게 아니다. 향후 좋아질 수 있는 이유를 찾
는다면 숫자는 자연스럽게 예측된다.

여러 가지 이유가 있을 수 있다. 모바일 쇼핑이 계속 늘어나고 있다든
지, 방탄소년단의 인기가 높아지면서 한류 열풍이 불고 있다든지, 미세먼
지로 인해 사람들이 공기청정기를 많이 구매한다든지 등 실적 상승의 징
조를 찾아낼 수 있다. 숫자를 먼저 맞추려고 하면 어려워진다. 하지만 구
조적으로 회사가 성장할 수밖에 없는 이유를 먼저 찾으면 투자는 조금

더 쉬워진다.

예를 들어, 2017년에 매분기 40억 원의 영업이익을 내던 아프리카TV가 2018년에 매분기 60억 원의 영업이익을 냈다고 가정해보자. 영업이익이 증가한 이유를 살펴보니 트래픽(서버에 전송되는 모든 통신, 데이터양) 증가에 따른 광고 수익이 증가했고, 실제로도 아프리카TV를 이용해보니 과거보다 이용자가 많이 늘어난 모습이 확인되었다. 분기별 영업이익이 전년 동기 대비 20억 원 이상 향상된 상황이고, 연간 160억 원의 이익을 내던 회사가 이제는 연간 240억 원의 이익을 기대할 수 있게 된 것이다.

실적 향상에 따른 주가 상승의 기대감으로 투자 전망이 밝아졌다. 실질 이익이 50% 증가한 경우, 주가도 최대 50% 가까이 상승할 것으로 예상해볼 수 있다. 비록 한 분기의 실적을 토대로 추정한 것이지만, 이를 통해 거둘 수 있는 최대 수익과 투자 타이밍, 포트폴리오 종목의 편입 가능성 등에 대한 다양한 투자 여건을 살펴봐야 한다. 그리고 바로 연간 이익으로 전환해서 생각해봐야 한다.

기업의 분기 실적을 예측하여 투자 전략을 마련한다는 것이 처음에는 막연하고 어렵게 느껴질 수 있다. 하지만 실제로 분기별로 이와 같은 실적 분석과 예측을 반복하다 보면 연 단위로 포트폴리오 운용 전략을 조정하거나, 투자 전략의 비중을 조정할 수 있게 된다.

주가의 향방은 미래의 실적이 결정한다. 현재의 주가는 해당 종목의 그동안의 실적과 미래 실적 향상에 대한 기대감이 반영된 결과물이다. 만약 오늘 어떤 주식을 사기로 결정했다면 그것은 그 주식의 미래 실적이 매우 좋아질 것이라는 기대감이 전제되어야 한다는 말이기도 하다.

자신의 주식투자를 검증할 때, "왜 이 주식을 사야 하지?"라는 질문에 답할 수 있어야 한다. 대외 환경의 긍정적 변화나 모멘텀의 변화가 대답이 될 수도 있다. 그러나 어떠한 경우의 답변이든 기본적으로 '실적 상승 전망'이라는 명분이 투자 또는 매수 결정의 전제 조건이자 필수 조건이 되어야 한다. 주식투자자는 첫째도 명분, 둘째도 명분이다. 스스로 납득할 만한 명분 없이 하는 투자는 투자가 아니라 도박에 가깝다.

　집을 살 때도 사람들은 입지 조건을 따진다. 물론 시세 변화도 중요한 관심사이지만, 근접성, 교통호재, 교육환경, 자연환경, 도시 계획 등을 살펴서 미래 가치에 긍정적인 영향을 끼칠 요소를 꼼꼼히 확인한다. 부동산의 입지 조건은 기업의 미래 실적 예측과 궤를 같이 하기 때문이다.

　주식은 기업이 자본금을 확보하기 위해 발행한다. 이윤을 극대화하고 싶은 기업은 실적이라는 숫자로 투자자들을 설득한다. 또 투자자들은 실적으로 자신의 미래를 증명하는 종목을 찾고 있다. 실적이 받쳐주는 종목은 주가가 오르지 않을 수 없다. 그렇다면 도대체 어느 정도의 미래를 내다봐야 하는가? 6개월, 1년, 3년, 5년, 10년… 분기 실적을 기준으로 투자하는 사람이라면 1년 뒤 해당 종목의 미래 실적을 통찰하여 투자해야 한다. 올해 1분기에 내년 1분기 정도에 좋아질 기업을 찾아놓고 투자해야 건실한 포트폴리오를 마련하여 리스크 없이 안정적으로 투자할 수 있다.

　장기적으로 미래 실적이 우상향하는 기업을 찾을 수만 있다면, 그보다 더 좋을 수는 없다. 하지만 장기 성장이 확실한 기업을 찾기란 쉽지 않다. 오래가는 종목, 장기 성장이 명확히 보이는 종목을 찾아내려면 그만큼 분석도 깊어야 한다. 대부분 투자자는 주가 등락에 일희일비하고, 그것에 대응하느라 힘을 다 쏟는다. 하지만 이제 이런 악순환은 걷어내자. 앞으로 실적이 좋아지는 기업을 찾는 데 온 힘을 쏟자. 그게 정답이다. 성장 방향성만 맞는다면 주가는 알아서 움직일 것이고, 나의 기대치만큼 충분히 올라올 것이다.

시장이 하락할 때가
주식 매수의 최적기다

놀이공원에서 롤러코스터를 타본 경험이 있을 것이다. 처음에는 가장 높은 지점까지는 천천히 올라가며 긴장감이 감돈다. 1분 정도 올라갔을까? 가장 높은 지점에서 잠시 멈췄다가 갑자기 내리막길로 급전환한다. 3분 이상의 시간을 투자해 힘겹게 올라왔던 높이를 단 3초 만에 내려온다. 내리막길을 가면서 비명을 지르고, 공포감에 빠져든다.

주식시장도 비슷하다. 평균적으로 주가가 올라갈 때는 오랜 시간이 걸린다. 하지만 내려올 때는 정말 빠르게 내려오는 경우가 많다.

2017년에 현대자동차그룹이 AJ렌터카(종목코드 068400)를 인수한다는 이야기가 있었다. 주가는 최종 협상 4개월 전부터 꾸준히 오르기 시작했다. 하지만 12월에 인수가 결렬되면서 주가는 급락하기 시작했다. 단 3일 만에 주가는 큰 폭으로 내려갔고, 상승하기 전 주가로 돌아왔다. 보통 주가가 상승할 때는 시간이 걸려도 내려올 때의 시간은 금방이다.

그렇다면 주가는 언제 빠지는 걸까? 앞서 이야기했지만, 회사가 역성장하거나, 갑자기 악재가 발생하면서 빠지는 경우가 대표적이다. 주가가 일

AJ렌터카 2017년 8월~2018년 1월 주가 변동 그래프

자료: 네이버증권 차트

현대차가 AJ렌터카를 인수한다는 소문이 돌았다. 주가는 바닥 대비 2배 올랐지만, 거래가 무산되자 주가는 반 토막까지 급락했다. 주가가 2배 올라가는 데 3개월이 걸렸지만, 반 토막 나는 데는 3일밖에 안 걸렸다.

시적으로 하락하는 것이 아니라 장기적으로 우하향하는 경우가 있는데, 바로 시장 하락에 따른 주가 하락이다. 시장이 하락하면 그 회사가 아무리 좋아도 주가는 하락한다. 주식투자를 하면서 혼이 빠진다는 것을 경험해 본 사람들은 알 것이다.

시장이 하락하는 이유는 글로벌 경기 침체, 미국 경기 둔화, 신흥국 성장 둔화, 무역전쟁 등 대·내외적인 상황 때문인 경우가 많다. 특히 우리나라에 경제적으로 피해가 커지는 이슈일수록 시장지수는 다른 나라보다 더 크게 빠질 수도 있다. 시장이 계속 하락하게 되면, 주식시장에서는 공포 분위기가 형성된다. 너도나도 다 팔고, 여기저기서 곡소리가 들린다. 이럴 때 주가는 비이성적으로 하락하는 경우가 많다.

그런데 역설적으로 이런 때야말로 안전마진을 확보하고 절대수익을 만들어줄 코어 눈덩이 또는 살을 붙일 재료가 될 저평가된 종목을 찾기 좋은 때이다. 하나의 사례를 들어보자.

사이드카
주식선물시장의 급등락을 막기 위해 현물 프로그램 매매 체결을 잠시 중지시키는 제도

2016년 2월, 중국 경기가 꺾이면서 글로벌 주식시장이 전체적으로 폭락했다. 마침 설 연휴 직전이었는데, 코스닥 시장에 하락 사이드카*가 걸리고 난리가 났다. 필자가 투자했던 제이에스티나(종목코드 026040)도 1만 원이던 주가가 8,000원까지 떨어졌다. 필자 역시 시장 하락으로 공포감을 크게 느꼈다. 하지만 8,000원이면 손해 보지 않을 가격으로 판단했고, 공격적으로 매수에 들어갔다. 최초 9,900원에 매수했고, 평균단가는 9,700원이었다. 하지만 계속 추가매수를 하면서 평균단가를 9,000원까지 내릴 수 있었다.

제이에스티나는 〈태양의 후예〉에서 목걸이나 반지, 가방 등의 PPL(간접광고)을 진행했는데 시청률이 잘 나와야 회사도 판매 수익을 가져갈 수 있었다. 나는 〈태양의 후예〉 드라마를 보면서 어느 때보다 집중해서 투자를 진행했다. 드라마 방영 전에 검색 사이트에서 작품성, 감독 및 작가, 배우 등의 내력에 대한 자료를 수집했다. 어떤 소재로 드라마를 만들었는지, 감독 및 작가는 과거에 어떤 작품을 했었는지, 배우 인지도는 어느 정도 되는지 등을 확인해봤다. 특히 이 작품이 흥행할 수 있다고 판단한 것은 바로 김은숙 작가가 스토리를 구성했기 때문이다.

김은숙 작가는 〈파리의 연인〉(최고 시청률 57.6%), 〈시크릿 가든〉(최고 시청률 35.2%), 〈상속자들〉(최고 시청률 25.6%), 〈신사의 품격〉(최고 시청률 24.4%) 등의 대작을 만들어낸 작가다. 〈태양의 후예〉는 로맨스를 넘어 전쟁, 의학 등의 다양한 분야를 다루면서 시청자들의 보는 재미를 더 높여줄 것이라

고 확신했다. 또한 사전제작 작품이라 중국에도 동시 방영이 가능했다. 중국 법령상 방송되는 모든 외국 드라마는 미리 모든 방영분을 사전 심의받아야 했다. 하지만 드라마가 흥미를 끌게 되면, 중국 시장까지 크게 시장 진입할 수 있는 상황이었다. 특히 그때 당시 주연 배우인 송중기, 송혜교는 중국에서 이미 인지도가 높았고, 검색 트래픽도 점점 높아지고 있었다. 바이두 티에바(Baidu Tieba) 중국 팬카페 랭킹 기준에 따르면, 송중기는 한국 남자 배우 인기 순위 중 이민호, 김수현, 이종석, 장근석 다음으로 5번째였고, 송혜교도 한국 여자 배우 인기 순위 중 6번째였다.

최소 시청률이 8% 이상은 나와 줄 것으로 예측했다. 하지만 시청률은 기대 이상으로 더 높게 나왔다. 시청률은 매회 거듭할 때마다 상승해서 전국 기준으로 최고 시청률 38.8%를 기록했다. 자연스럽게 주가 흐름도 좋을

제이에스티나 - 〈태양의 후예〉 드라마의 흥행 그리고 주가 상승

자료: 네이버증권 차트

시장이 폭락하면서 제이에스티를 더 싸게 추가매수하여 평균단가를 내릴 수 있었다. 시장의 폭락은 좋은 주식을 매수하는 데 아주 좋은 기회다. 그 뒤로 주가는 강하게 반등을 했고, 좋은 수익으로 마무리했다.

수밖에 없었다. 드라마가 방영되는 3개월 동안 주가는 약 100% 상승했다.

이렇듯 시장이 폭락할 때에도 역주행에 나서는 종목은 얼마든지 나올수 있다. 그리고 그런 종목을 저평가된 가격에 매수할 수 있는 것도 이때다. 시장이 가라앉을 때 좌절하지 말고 주가가 회복될 때 역주행에 나설 수있는 종목을 찾아라.

적절한 매수 시점은 언제인가

주식의 매수/매도 원리(타이밍)는 단순하다. 제값을 받던 주가가 회사 문제가 아닌 시장의 이슈로 인해 하락해서 바겐세일을 한다면, 저가에 매수하면 된다. 그리고 시장이 다시 안정화돼서 주가가 제값으로 회복되면 매도하면 된다. 투자를 잘하는 지인 한 분은 시장이 하락할 때마다 매수했다가 시장이 안정화되면 매도하는 전략을 취하고 있다. 시장이 과도하게 빠질때만 매수에 참여한다. 따라서 연간 수익률도 좋은 편이다. 굉장히 안정적인 매수 전략이라고 생각한다.

그러면 시장이 빠질 때, 적합한 매수 시점을 언제로 잡으면 좋을까?
보통 하락기의 막바지에 나타나는 증상들이 있다.

1. 주식으로 손실이 많이 나서, 많은 투자자가 더는 주식투자를 하지 않
   겠다고 이야기한다.
2. 언론과 미디어, 전문가들이 우리나라 경제 전망을 어둡게 이야기한다.

3. 서점의 재테크 매대에서 주식서적 매대의 비중이 적어진다.

4. 금리를 내리거나 금리 속도를 늦춘다.

이런 현상이 나올 때쯤에는 지수와 주가가 바닥일 가능성이 높다.

그럼 이런 때에 어떤 기업의 주식을 사는 것이 좋을까? 하락기에 주식이 싸다고 마구잡이로 이것저것에 투자할 수는 없다. 시장이 경색되고 우하향할 때일수록 실적이 좋고 기업 자체가 좋은 종목을 발굴해야 한다. 건실한 종목은 시장이 살아날 때 날개를 펴고 도약한다. 현재의 실적이 나쁘고 미래의 실적도 어두운 종목은 주가가 우상향하더라도 오래가지 못한다. 또 오르더라도 높이 오르지 못한다. 번지 점프를 할 때 몸무게가 많이 나가는 사람이 떨어질 때도 더 빠르게 떨어지지만 반동을 얻어 튀어 오를 때에는 더 높게 튀어 오른다. 탄성력, 반동은 무게에 비례한다. 주가도 기업의 건실성, 미래 실적에 비례해서 오른다는 것을 기억하자.

프리미엄이 받쳐주는
주식은 상승기류를 탈 수 있다

평수는 같은 집인데 가격 차이가 나는 이유는 무엇일까? 입지 조건이 달라서다. 사는 평수는 같더라도 편의성과 실용성, 또는 입지 조건에 따라 투자 가치가 높은 주택에 사람들은 기꺼이 더 많은 돈을 지불한다. 주식도 마찬가지다. 매출, 실적, 이익이 비슷한 기업이라도 시가총액은 천차만별이다. 규모가 유사한 기업들의 주식 가격이 다른 이유는 투자자들이 매기는 가치가 다르기 때문이다. 기업의 브랜드 파워, 비즈니스 모델, 사업 안정성, 장기 성장 가능성, 고객 확장력, 배당 여부 등으로 가격이 달라진다. 이러한 이유로 높은 평가를 받는 것을 '프리미엄*이 붙는다'라고 하는데, 부동산과 주식투자에서 모두 같은 용어를 쓴다.

주식 전문가들은 보통 업종을 섹터라고 말하는데, 그 중 화장품 섹터는 2000년대 초반까지도 프리미엄 자체가 낮았다. 주로 소비자가 여성에 국한되었고, 기초 베이스 화장품 위주였기 때문이다. 하지만 색조 화장품의 수요가 점차 늘어나고, 남성들도 화장

주식 프리미엄
주식의 발행가격이 액면가를 초과할 경우, 이의 초과분을 주식 프리미엄이라고 한다. 기업의 회계상에는 자본잉여금으로 처리된다.

품을 사용하면서 화장품 섹터의 덩치가 커졌다. 현재 화장품 섹터는 한 단계 높은 프리미엄을 얻고 있다.

또한, 사드 배치 문제로 줄어들었던 중국 관광객의 방문이 서서히 회복되고 있다. 중국 관광객들이 한국 여행을 할 때 꼭 사가는 필수품이 바로 화장품이다. 여행 중에, 또는 여행객들이 선물한 한국 화장품의 매력에 빠진 중국인들은 온라인 구매나 면세점 쇼핑으로 화장품 업계에 큰 손님이 되었다. 2015년 1분기 코스피 시장에서 주가 가치 1위 기업의 자리를 아모레퍼시픽(종목코드 090430)이 차지할 수 있었던 이유다.

화장품 섹터는 장기적인 성장 가능성과 고객층 확장까지 더해져 다른 산업 섹터보다 훨씬 더 높은 프리미엄을 얻게 되었다. 아모레퍼시픽과 함께 한국화장품(종목코드 123690)도 화장품 섹터의 성장과 중국으로 사업 영역을 확장하면서 주가가 크게 올랐다. 2015년 1분기 초에 4,000원 선이던 주가가 5월 무렵에는 2만 원을 넘어섰다. 실적과 프리미엄이 받쳐주는 주가는 날개를 단 것처럼 치솟는다. 그것도 단기간에!

주가가 단기간에 가장 빠르게 오르는 방법은 프리미엄 가격을 적용받는 것이다. 실적의 성장분만큼 주가가 올라가지만, 프리미엄 가격은 어디까지 형성될지 모르기 때문에 주가가 가파르게 오르는 경우가 많다. 주식투자자라면, 실적뿐만 아니라 프리미엄을 받을 수 있는 요인을 찾는 훈련도 같이 진행해야 한다.

또 다른 예를 들어보자. 전기차 시장에서 자웅을 겨루고 있는 글로벌 기업 테슬라와 국내 기업 현대차의 경우 동등하게 프리미엄을 받을까? 기업의 실제 매출을 따지자면 테슬라(약 13조 5,931억 원, 2019년 6월 25일 환율 기준)보다 현대차(약 26조 9,664억 원, 2019년 2분기 기준)가 훨씬 더 높다. 하지만 앞서 살펴본 것처럼 주식시장에서는 기업의 미래 가치가 투자에 중요한 판단 근거가 된다. 테슬라는 지금보다 미래가 훨씬 더 밝아 보이는 대표적인 기업이다. 글로벌 전기차 시장은 매년 50% 이상의 성장률을 보이고 있다. 반면에 현대차는 전기자동차 개발에 힘쓰는 기업 중에서도 후발 주자이고, 주력 분야도 수소자동차 개발에 더 큰 비중을 두고 있다. 향후 수소자동차의 연비와 안정성이 지금보다 훨씬 더 좋아진다면 전기자동차 이상으로 각광받을 수 있다. 하지만 현재로서는 세계 시장의 관심이 집중되는 산업은 전기자동차다.

기업의 미래 실적과 가치가 기대되는 대표적인 시장이 전기자동차와 관련 부품 산업이다. 이런 이유로 현재 실질 매출은 현대차가 더 높지만, 주가 상승에 대한 기대는 테슬라가 월등히 높다. 주식의 가격과 상승 폭이 현대차(14만 1,000원, 2019년 6월 기준)보다 테슬라(25만 7,000원, 2019년 6월 환율 기준)가 높은 이유다.

결국 프리미엄에는 성장 기대감이 많이 내포되어 있다. 업황, 비즈니스 모델, 고객 확장 등 대부분 성장을 기반으로 하는 요소이다. 성장 기대감이 곧 실적 상승으로 이어지기 때문에 미리 프리미엄 가격을 적용받는다고 생각하면 된다.

어떤 기업에 프리미엄이 붙는가

투자 기업을 고를 때 실적이 상승해서 성장할 전망이고, 거기에 프리미엄까지 얻을 수 있는 기업이라면 더할 나위 없이 좋다. 게다가 주가가 빠져서 구매 부담을 줄일 수 있다면 최고의 수익률을 기대할 수도 있다. 물론 이런 기업을 찾는 건 쉽지 않다. 그래도 1년에 이런 기업이 1~2개씩 스쳐 지나가기도 한다. 잘 생각해보면, '아, 그때 그 기업이 지금은 2~5배 올랐네!' 하는 기업들이 조건을 만족했을 것이다. 매 순간 치밀하게 의심하고 탐구하면서 찾는다면 놓치지 않을 수도 있다. 정말 잘 찾아보자. 기업 가치가 프리미엄을 얻는 경우는 다음과 같은 흐름과 패턴이 나타난다.

- 해당 분야 산업이 성장한다.
- 수요 다변화로 시장이 커진다.
- 비즈니스 모델의 중장기 전략이 마련된다.

필자가 직접 투자했던 종목을 예로 들어 설명해보겠다.

2017년 하반기에 투자했던 상신이디피(종목코드 091580)도 비슷한 맥락이다. 상신이디피는 휴대폰과 노트북 PC의 2차 전지 각형 및 원통형 캔(외부 케이스)을 만드는 업체다. 사실 이것만 보면 비즈니스 모델 자체가 매력적인 기업은 아니다. 휴대폰이나 노트북은 성장 섹터가 아니라 이미 성숙기 과정을 거치고 있기 때문이다. 그렇다고 재무구조도 튼튼한 회사가 아니었다. 하지만 2017년부터는 상황이 달라지기 시작했다. 전기차와 ESS(Energy Storage System, 에너지 저장 시스템) 시장이 커지면서 납품 수주 물량이 급증했다. 주요 납품처가 삼성SDI인데, 삼성SDI가 2차 전지 사업에 뛰어들면서 실적이 개선되고 납품 물량을 지속적으로 확대했다. 당연히 납품업체인 상신이디피도 실적이 나오고 프리미엄이 받쳐주면서 동반 성장할 수 있었다.

상신이디피 – 전기차 부품에 납품하자 실적도 주가도 상승

자료: 네이버증권 차트

상신이디피는 IT 배터리 케이스에 주로 납품을 진행했다. 하지만 전기차 및 ESS에 2차 전지 케이스를 납품하면서 프리미엄 가치를 받기 시작했다. 회사 실적도 올라가고, 가치도 올라가면서 주가도 바닥 대비 4배 이상 상승했다.

상신이디피 – 삼성SDI에 2차 전지를 납품하면서 실적 성장

주요재무정보	최근 연간 실적				최근 분기 실적					
	2016.12	2017.12	2018.12	2019.12 (E)	2017.12	2018.03	2018.06	2018.09	2018.12	2019.03 (E)
	IFRS 연결	IFRS 연결	IFRS 연결	IFRS 연결	IFRS 연결	IFRS 연결	IFRS 연결	IFRS 연결	IFRS 연결	IFRS 연결
매출액(억원)	768	998	1,501		283	303	386	410	402	
영업이익(억원)	-4	61	157		28	17	46	56	38	
당기순이익(억원)	-10	24	84		-2	15	31	38	-1	
영업이익률(%)	-0.51	6.14	10.47		9.83	5.73	11.98	13.55	9.43	
순이익률(%)	-1.33	2.44	5.59		-0.67	5.11	7.98	9.35	-0.16	
ROE(%)	-2.72	6.52	17.57		6.52	13.83	17.00	17.16	17.57	
부채비율(%)	174.60	170.76	148.53		170.76	169.55	171.16	126.05	148.53	
당좌비율(%)	41.54	47.16	66.43		47.16	43.50	50.01	68.56	66.43	
유보율(%)	577.37	610.58	834.99		610.58	627.98	682.43	836.01	834.99	
EPS(원)	-88	210	692		-16	133	264	304	-5	
BPS(원)	3,160	3,281	4,533		3,281	3,442	3,714	4,530	4,533	
주당배당금(원)	49	49	70							
시가배당률(%)	1.26	0.64	0.56							
배당성향(%)	-55.13	23.14	10.56							

자료: 네이버증권 차트

상신이디피는 삼성SDI에 2차 전지를 납품하면서 2017년부터 실적이 크게 성장했다. 앞으로 전기차 및 ESS 수요가 늘어날 것임으로 지속적인 실적 성장이 예상된다.

최근 3년 동안 전기차의 판매 신장률이 매년 50% 이상씩 성장하면서 상신이디피의 실적도 좋아지고, 몸값도 오르기 시작했다. 주가가 4,000원일 당시 시가총액은 600억 원 수준이었다. 이 정도 적자 수준이라면 PER 가치를 따지기도 모호하여 PER 6배 수준에서 거래했다. 하지만 상황이 반전되었다. 삼성SDI의 2차 전지 사업 확장으로 미래 가치 프리미엄을 받기 시작했다. 주가가 1년 만에 4.5배 올랐다. 당시 필자는 7,000원에 사서 1만 원에 매도했고, 수익률은 40%였다. 주가가 단기간에 확 오르면서 매도 시기가 빨랐다.

상신이디피는 PER 10~12배 수준에서 거래되었다. 과거 PER 6배에 거래되던 때보다 2배 높은 가격이다. 프리미엄을 제대로 받은 것이다. 물론 실적이 개선된 만큼 주가가 오른 것도 있지만, 실적이 발표되기 전에 이미 주가는 오르기 시작했는데, 바로 프리미엄이 주가에 반영되었기 때문이다. 미래 실적에 대한 기대감이 PER 10~12배까지 주가를 끌어올린 것이다. 그러고 나서 주가는 향후 실적에 맞게 조정되었다.

이런 기업들을 찾는 훈련을 지속하자. 주가가 뛰어오를 숨은 기업이 보일 것이다.

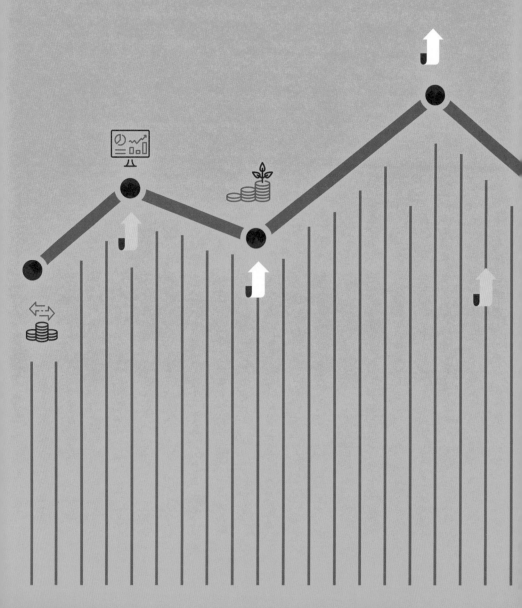

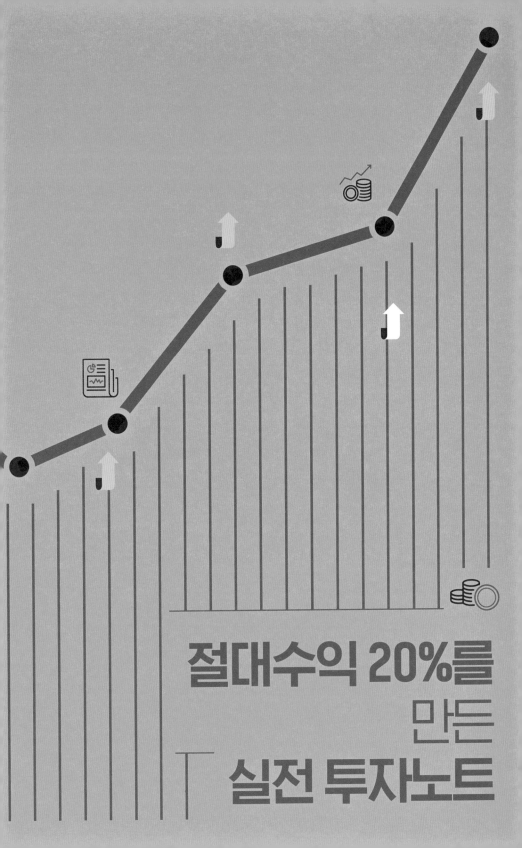

절대수익 20%를
만든
실전 투자노트

목표 수익률을 실현할
투자 포트폴리오를 마련하라

매년 연말 12월이 되면 내년 포트폴리오 운용 계획을 세운다. 한 달 동안 올해 포트폴리오 운용 결과를 피드백해보고, 내년은 어떻게 운용할지 고민해보는 시간을 갖는다. 그리고 올해는 왜 수익이 났고, 손실이 났는지 철저하게 분석한다.

필자는 평균적으로 연간 20%의 수익률 목표를 잡는다. 연간 20%의 목표 수익률을 쪼개보면, 반기에 10%, 분기에 5%, 월에 1.67%의 수익률을 내야 한다. 너무 높게 잡으면 욕심이 생기고, 너무 낮게 잡으면 열정이 줄어든다. 20%의 수익률은 부담스럽지 않고, 의욕이 생기는 목표 수치다. 하지만 시장 하락 변수가 항상 존재하기 때문에 가끔은 목표 수익률이 의미가 없어지기도 한다. 예를 들어, 2018년에는 코스피가 17%, 코스닥이 15% 하락했기 때문에 올해 목표 수익률 20%를 내기가 어려웠다. 필자는 0.3%로 수익률 없이 마감했는데, 시장 대비 선방한 수치였다. 이처럼 예외는 있기 마련이다.

꾸준하게 20%의 수익률을 가져가는 건 쉽지 않다. 1년에 한 번쯤은 낼 수는 있어도, 10년 동안 지속적으로 20%의 수익률을 내는 것은 쉽지 않다. 필자도 내년이면 주식투자한 지 15년이 되어간다. 지금까지는 연간 수익률 20%의 목표에 맞춰서 잘 진행해왔다. 지수가 괜찮았던 2012년에는 연간 100%, 2015년에는 50%의 수익률이 넘었던 해도 있었다. 하지만 때로는 시장이 힘들어서 수익률이 낮은 적도 있었다. 필자가 이 시장에서 버틸 수 있었던 것은 꾸준히 수익을 쌓으면서 목표 수익률에 도달했기 때문이다. 구르는 눈덩이를 키울 덧붙일 눈(신규 종목)이 없었던 때도 있었으나, 코어가 되는 눈덩이를 잃지 않았기에 가능했다. 투자자라면 고수익보다는 코어 눈덩이를 잃지 않는 포트폴리오* 운용 전략을 짜야 한다. 그래야 험난한 시장 너머 황금시대가 펼쳐질 때 거둬들일 수 있다.

포트폴리오
주식투자에서 위험을 줄이고 투자수익을 극대화하기 위해 여러 종목에 분산투자 하는 방법

투자 계획서 세우기

투자를 진행하기 전에 포트폴리오를 어떻게 끌고 갈 것인지 계획을 세우고 시작한다. 과거에 계획 없이 무턱대고 진행했다가 시장이 하락할 때 감정적으로 대응했던 적이 많았기 때문이다. 가장 먼저 전반적인 시장 흐름을 점검한다. 현재 우리나라와 미국의 금리 수준은 어느 정도이고, 시장에서 예측하는 내년 우리나라, 미국, 중국의 경제성장률은 어느 정도인가. 또 우리나라와 미국의 대선 일정과 정상회담 일정 등을 확인한다. 금리 상황에 따라 현금 비중을 조절하는데, 우리나라 기준 금리 2.00% 미만이면 주식을 90~100% 보유하는 전략을 취한다. 저금리 흐름에서는 조금 더 높은

2018년도 투자 계획서

1. 연간 수익률 목표: 20%(달성)
2. 금리: 1.50%(2017년 12월 기준)
3. 환율: 1,170원
4. 정책: 북한과의 관계 개선에 주목
5. 트렌드: 여행객 증가에 따른 항공 수요 증가, 환율 하락에 따른 수혜주 찾기,
   중국과의 외교 관계 조금씩 회복 중, 콘텐츠 IP 활성화, 유튜브 수요 증가, 전
   기차 판매량 지속 증가, 미세먼지 등

[관심 기업]
◇ 티웨이홀딩스: 여행객 증가에 따른 항공 수요 증가, 원화 강세로 항공 유류 수
   입 시 비용 절감, 원화 강세로 비행기 렌트(보잉사) 시 비용 절감
◇ 대원미디어: 중국과의 외교 관계 회복 시 〈곤(GON)〉 애니메이션 방영 기대감,
   웹툰 IP 드라마 활용 기대감
◇ 컴투스: 스카이랜더스, 서머너즈워 MMO 신작 기대감
◇ 나스미디어: 유튜브 광고 증가에 따른 수혜
◇ LG화학: 전기차 판매량 증가에 따른 2차 전지 수요 증가
◇ LG전자: 미세먼지 영향으로 공기청정기, 스타일러, 건조기 수요 증가

수익률을 얻기 위해 주식시장으로 자금이 계속 들어오기 때문이다. 또한 최근(2019년 7월)에 우리나라도 기준 금리를 1.75%에서 1.50%로 내리면서 주식투자 상황은 더 좋아지고 있다. 경제성장률은 전년 대비 얼마나 상승할 수 있는지, 상승한다면 좋아질 수 있는 이유가 무엇인지를 살펴본다. 또한 각국의 주요 이벤트를 점검해서 국가 외교 부분이 주식시장에 미칠 수 있는 영향을 파악한다.

또한 기존 포트폴리오 종목이 이상이 없는지 확인한다. 계속 가져가도

2019년도 투자 계획서

1. 연간수익률 목표: 20%
2. 금리: 1.75%(2018년 12월 기준)
3. 환율: 1,130원
4. 정책: 일자리 정책, 미세먼지 대책, 2차 북미정상회담, 미·중 무역전쟁, 남북 관계
5. 트렌드: 미세먼지 지속, 게임 신작 증가, 전자결제 증가, 전기차 판매량 증가, 5G 개통

[관심 기업]
◇ LG전자: 미세먼지 지속에 따른 수혜, 공기청정기 판매 수요 증가
◇ 크린앤사이언스: 미세먼지로 산업용 공기청정기 필터 수요 증가
◇ 나스미디어: 유튜브 등 디지털 광고 수요 증가, 다수 신작 게임 출시 등으로 모바일 광고 활성화
◇ 컴투스: 스카이랜더스 신작 출시 및 M&A(인수·합병) 기대감
◇ KG이니시스: 모바일 쇼핑이 늘어나면서 전자결제 수요 증가
◇ 신성델타테크: 미세먼지 수혜 주 및 2차 전지 수혜 기대감
◇ 상신이디피: 삼성SDI향 2차 전지 수혜 기대감
◇ 와이솔: 5G 확대에 따른 부품 수요 증가

되는지, 투자 기간이 왜 늘어나고 있는지, 어느 정도 시기까지 기다릴 수 있는지 하나씩 점검한다. 특히 매도 시기를 놓쳤던 기업은 냉정하게 수치화하여 객관화해보는 작업을 진행한다. 그리고 '아니다'라는 판단이 내려지면 과감하게 손절매하고, 곧바로 새로운 기업을 물색하기 시작한다.

필자가 구상한 2018년도와 2019년도 투자 계획서, 즉 포트폴리오를 공개하였다. 이 포트폴리오를 실제로 어떻게 운용하였는지 하나하나 풀어가

2019년 4월 투자 포트폴리오 피드백

투자기업	비중	수익률	코멘트	합계(비중×수익률)	시작가	종가
			2019년 4월 에임하이파트너스 포트폴리오 결과			
정다운	5%	7.6%	자익실현	38	3680	3960
컴투스	40%	-4.4%	버디+스랜+서머MMO	-176	104400	99800
윈익QNC	5%	-1.1%	모멘티브 인수효과	-5	14250	14100
신성엘타테크	15%	-6.0%	가전수혜+2차전지 기대감	-90	4080	3835
나스미디어	20%	24.2%	올해 상반기 yoy성장 기대감	485	32600	40500
이엘피	10%	-3.8%	OLED 수혜주	-38	15800	15200
KG이니시스	3%	8.3%	전자결제 수혜 확대	25	13200	14300
KG이니시스	2%	4.8%	전자결제 수혜 확대	10	13650	14300
상신디아피	5%	-3.8%	2차전지 수혜주	-19	10400	10000
현금	0%					
2014년		17.0%				
2015년		60.0%				
2016년		25.0%				
2017년		33.0%				
2018년		0.3%				
2019년 4월		8.8%				
			총합	228		

" 수익률메는 복리 수익과 손실 제외

2019년 4월 수익률	1월: 2.43%, 2월: 5.32%, 3월: -1.23%(누적 6.52%)	4월	코스피	2140.6	2203.59	2.94%
2.28%			코스닥	729.31	754.74	3.49%
2019년 누적 수익률		2019년	코스피	2041	2203.59	7.97%
8.80%			코스닥	676	754.74	11.65%

나만의 투자 결과를 1년, 분기, 월마다 작성하면 좋다. 시장 대비 얼마나 잘하고 있는지 확인할 수 있고, 나의 투자를 돌아볼 수 있는 시간을 가질 수 있다.

보려고 한다.

먼저 12월 한 달 동안 내년에 투자할 기업을 미리 찾아보는 작업을 진행한다. 관심 기업으로 묶어 놓고만 있어도 기회가 됐을 때 저가 매수를 할 수 있다. 급하게 당장 사는 게 아니라 저점 매수 공략을 펼친다. 좋은 기업을 좋은 가격에 사는 게 핵심이다. 그리고 트렌드를 계속 확인하는 게 중요하다. 소비 트렌드는 앞으로 어떻게 바뀔지, 요즘에 사람들은 어떤 분야에 많은 관심을 두고 있는지에 대해 지속해서 확인하면서 투자 기업을 찾아가는 게 필요하다. 그러면 투자 성공 확률을 높일 수 있다.

월별 결과에 따른 피드백

투자하면서 가장 중요했던 부분이 바로 투자 결과에 대한 피드백을 스스로 해보는 것이었다. 보통 월별로 점검하는데, 무엇을 잘했고, 잘못했는지 확실하게 짚고 넘어갈 수 있다. 그래야만 다음 달의 투자 방향을 잡고 포트폴리오 계획을 정리할 수 있다.

전체 포트폴리오에 대한 투자 점검을 해보자. 이번 달에 어떤 기업을 매매했는지 확인해보고, 매도한 기업은 정말 잘한 선택이었는지 다시 확인해본다. 혹여 매매 과정에서 실수가 있었다면 어떤 부분이 잘못됐는지 기록해둘 필요가 있다. 투자를 하다 보면 비슷한 상황을 경험할 때가 있다. 그런데 과거 투자에 대한 피드백을 하지 않고 넘어간다면 똑같은 실수를 할 확률이 매우 높다. 그래서 투자노트를 만들어 투자 일지를 적어두는 것이 중요하다.

월별 점검은 투자노트, 개인 블로그, 개인 PC 등 자신이 편하게 쓸 수 있는 곳에 기록해두자. 이렇게 기록해두면 좋은 이유는 나중에 분기, 반기, 연간 단위로 피드백을 해볼 수 있기 때문이다. 특히 1년을 마무리할 때 월별로 살펴보면 어떻게 투자했고, 위기 상황에 어떻게 대처했는지 잘 알 수 있다. 실수나 감정적으로 대응했던 부분을 반성하게 된다.

감정통제의 중요성을 언급하면서 1장에서 사례로 언급했던 2017년 하반기 아프리카TV의 투자 일지를 살펴보면, 필자가 그때 느꼈던 심정을 고스란히 담고 있어 감회가 새롭다.

2019년 4월 이재웅의 투자노트

2019년 4월 투자 점검

전체적으로 시장 흐름이 좋았다. 시장지수 대비 수익률은 못 미쳤지만, 결과는 나쁘지 않았다. 이번 달 점수는 100점 만점에 70점을 주고 싶다. 일단 주력인 컴투스가 잘해주지 못했다. 신작 스카이랜더스 게임이 흥행하는 데 실패했고, 향후 신작 기대감이 없는 상황이라 주가는 힘을 쓰지 못했다. 다행히 나스미디어가 큰 상승을 이끌면서 수익으로 잘 마감할 수 있었고, 지난달 점검을 통해 위기를 기회로 만들 수 있었다. 포트폴리오가 조금은 안정화된 느낌이다. 다만 여전히 시장 수익률에는 못 미치고 있어서 조금 더 기업 트래킹*에 집중할 예정이다. 개별 기업들의 지표를 다시 한번 확인해서 보유 및 매매 여부를 결정할 예정이다.

트래킹

기업이 어떻게 변하는지 지속해서 추적 관찰하는 행동

캐시카우

수익 창출원, 계속적으로 현금흐름을 발생시키는 사업부문

IR(Investor Relations)

주식시장에서 기업의 우량성을 확보해나가기 위해 투자자들을 대상으로 하는 기업의 경영활동 및 홍보활동

컨퍼런스콜

상장사가 기관투자자와 증권사 애널리스트 등을 대상으로 자사의 실적과 향후 전망을 설명하기 위해 여는 전화회의

칭찬할 점

KG이니시스의 경우 저점에서 분할매수를 잘했다. 안 좋은 이슈들이 계속 있었지만, 본업 실적은 계속해서 잘 나왔다. 결국 실적을 믿고 매매할 수 있었다. 또한 힘들 때 나스미디어를 잘 참아낸 게 좋은 결과를 얻어냈다. 디지털 광고 수요는 꾸준히 증가했던 상황이라 믿고 기다릴 수 있었다. 남들처럼 힘들 때 팔았다면 큰 후회를 했을 것이다.

반성할 점

여전히 주력에 대한 비중을 높이 가져간 부분이다. 물론 확신이 드는 만큼 비중을 담았지만, 지속적인 추가매수로 비중이 높아졌다. 애초 계획이 신작 실패를 하면 매도하는 것이었는데, 그것을 무시하고 투자를 강행했다. 물론 강행한 이유는 저평가된 부분과 꾸준한 캐시카우*, 본업이 튼튼하다는 이유 때문이다. 하지만 다음 투자할 때는 처음에 계획했던 부분을 다시 한번 점검하고 매매를 결정할 것이다. 감정적인 부분을 최대한 배제해야겠다.

다음 달 전략 진행

5월은 주력들 위주로 트래킹을 해서 주가 방향을 점검해볼 예정이다. 4월에는 컴투스 IR[*] 도 직접 다녀왔다. 신작 출시 일정과 서머너즈워 게임 DAU를 점검해볼 예정이고, 컨퍼런스콜[*]을 직접 청취할 예정이다. 또한 이엘피 IR를 직접 다녀와 보고 투자 재점검을 진행할 예정이다. 5월에는 대부분 회사가 1분기 실적 발표를 하므로 실적 위주로 점검해볼 예정이다.

신규 기업 리서치

신규 기업은 1분기 실적 발표 이후에 찾아보고, 전년 대비 성장한 기업들을 점검해서 포트폴리오 편입을 고민해볼 예정이다. 하지만 현재 포트폴리오에 편입된 기업들도 모두 좋은 상황이라 비교우위를 잘 따져서 매매 교체 여부를 결정할 것이다. 실적 발표는 5월 15일에 모두 나오기 때문에 5월 20일까지 모두 점검을 완료할 계획이다.

아프리카TV는 2017년 4월에 투자했고, 매수 평균단가는 2만 2,000원이었다. 당시 필자는 아프리카TV의 미래 실적과 가치를 좋게 봐서 포트폴리오에 편입시켜 6개월간 투자 중이었다. -8% 손실을 보고 있던 상황이었는데, 급작스럽게 부정적인 이슈가 터졌다. 기업의 주 수입원이 되고 있는 '별풍선 아이템'에 대한 규제 이슈였는데, 결제 한도를 내릴 수 있다는 내용의 기사가 뜬 것이다.

기사의 제목만 보고 지레짐작한 필자는 크게 잃을 수도 있다는 공포감에 사로잡혀 매도를 결정했다. 결국 1만 8,000원에 매도했고, -18%의 확정 손실을 지었다. 당시의 투자노트를 살펴보면 불안의 교차로에 선 모습이 고스란히 드러나 있다.

이때의 결정을 얼마나 후회했는지 말로는 다 설명하기 어렵다. 시간이 지나고 그 기사를 다시 살펴보았을 때는 스스로에게 적잖이 실망했다. 자세히 살펴보면 1일 결제 금액을 최대 100만 원으로 제한한다는 내용이었고 고액 결제를 하는 일부 사용자를 제외하고는 전체 사용자에게는 큰 변화가 없었다. '순간의 선택이 포트폴리오를 좌우한다'는 교훈을 이때 얻었다. 필자가 매도한 직후에 주가는 바닥을 찍고 우상향을 시작했다. 그리고 상황을 제대로 인식했을 때에는 다시 그 시장에 발을 내딛기 힘든 상황이 되어 있었다.

투자노트는 투자자의 본심을 적는 일기장이다. 투자하면서 느꼈던 감정이나 심리를 다시 한번 느낄 수 있고, 두 번 다시 똑같은 실수를 하지 않겠다는 생각을 하게 된다. 똑같은 실수만 하지 않아도 투자 성공률을 높일 수 있다. 주식투자는 경험 데이터가 중요하기 때문에 경험치를 계속 쌓아나가야 한다. 그런 경험치가 몇 년간, 몇십 년간 쌓이면 큰 자산이자 보물이된다. 또한 결정적인 판단을 해야 하는 순간과 갑작스러운 이슈나 변수가 발생했을 때 자신의 투자 방침에 맞는 선택을 내릴 수 있도록 도와준다.

아프리카TV의 투자 사례와 같은 순간을 겪게 되었을 때 필자가 투자노트를 작성해놓았더라면 이슈에 짓눌려 손절매를 감행하는 무모한 투자는 하지 않았을 것이다. 지금 주식투자로 돈을 벌고 있는 투자자나 돈을 잃고 있는 투자자 모두 꼭 투자노트를 작성하기 바란다. 행운과 불운은 항상 찾아오는 것은 아니다. 투자자는 운이 아닌 자신의 경험과 노하우로 시장과 승부해야 투자자의 삶을 지속할 수 있다.

종목 선정
10단계의 법칙

포트폴리오에 편입할 종목을 리서치하는 과정은 필자가 그동안 시행착오를 거쳐 만들어낸 방식이다. 수많은 기업을 모두 추적 관찰할 수 없기 때문에 분기 단위로 통상 30개의 기업을 리스트업하고, 리서치 단계를 거쳐 한 달에 평균 1~2개의 기업을 발굴한다. 또한 분석 중인 기업도 본업의 실적 부분이 저조해지고, 신규 사업 론칭에 시간이 많이 소요된다거나, 주가가 아직 바닥이 아니라고 판단되면 리스트에서 제외한다. 이러한 검증 과정을 모두 통과해야 포트폴리오에 편입한다.

필자는 그간의 주식투자 경험을 바탕으로 10단계의 검증 과정을 만들었다. 그리고 이 방법을 통해 발굴한 종목을 운용하여 연평균 수익률 20%를 달성할 수 있었다. 10단계의 상세한 검증 방법과 함께 대표적인 투자 사례를 소개할 것이다.

하지만 예로 든 종목은 종목 검증의 대표 사례로서 다루었을 뿐이지, 모든 조건을 만족하는 완벽한 투자 종목으로 추천하는 것은 아니라는 것을 밝힌다. 지난해 고수익을 창출했던 종목이 지금은 애물단지로 전락하는 경우가 많다. 이처럼 리서치 과정에서 언급하는 종목들을 비롯하여 이 책에서 투자 사례로 소개하는 종목들은 대부분 그때 그 당시, 그 상황에서 그만큼의 수익을 올렸을 뿐, 향후에도 좋은 종목이 될 것이라고 보장할 수는 없다. 부디 목적과 수단을 바로 사용하여 자신의 투자 철학을 정립해나가길 바란다.

1단계) 리서치 작업으로 알짜 종목 후보를 추려낸다

한 달에 몇 개의 종목을 분석하고, 투자 대상 종목을 몇 개로 확정할지 기준을 정해야 한다. 전업투자자가 아닌 직장인 등 일반투자자의 경우, 한 달에 평균적으로 5~10개의 종목을 수집하고, 그중에 1~2개를 추려내는 작업이 필요하다.

투자 대상을 추려내는 기준은 주가의 저점 여부와 실적 향상 여부다. 주가가 정말 바닥을 찍고 있는지 확인하고, 향후 회사 실적 향상이 예상되는 기업만 추려내도 대부분의 종목이 리스트에서 제외된다. 좋은 종목을 찾는 안목도 중요하지만, 나쁜 종목을 걸러내는 필터링 기술도 그 못지않게 중요하다.

투자 대상 기업의 정보를 수집한다

투자 기업을 발굴할 때 어떤 과정을 거치는가? 아직도 아는 지인이 '이거 사라', '저거 사라' 이야기해주면 그대로 따라 하고 있는가? 이제는 스스로 발굴해야 한다. 기업을 추천받더라도 스스로 해당 종목에 대한 투자 가치를 반드시 검증해본 후 매매를 결정해야 한다. 혹시 리서치 과정을 아직 실천하지 못하고 있다면 다음의 방법으로 실천해보자. 먼저 투자 대상이 될 기업의 정보를 다양한 방법으로 수집한다.

1. 뉴스 시청 및 기사 읽기 / 일상생활에서 트렌드 발견
2. 경제신문 읽기
3. 리포트(애널리스트) 자료 읽기
4. 주식담당자와 통화 / 투자 세미나 참여
5. 기업 탐방 / 스터디 참여

뉴스와 기사를 보면서 먼저 사회 현상을 이해한 후, 일어나는 일들을 통해 어떤 기업에 수혜가 될 수 있는지, 향후 어떤 기업이 피해를 보게 될 것인지 확인해야 한다. 예를 들어, 강원도에 대형 산불이 났다고 해보자. 이런 뉴스를 접하게 된다면 향후 정부가 재난 안전망 구축에 더 힘을 쏟게 되는 상황을 가정해봐야 한다. 소방시설, 구급차, 소방차, 소방관 등의 시설과 기자재, 인적 자원의 추가 확보에 나설 것이고, 화재 감시 시스템 수요가 늘어날 것이다.

더 나아가 실질적인 수혜 기업을 찾아보는 것도 필요하다. 앞서 언급한 상황을 전제로 소방시설과 기자재, 인적 자원을 관리하는 기업을 살펴보는 것이다. 이를테면, 파라텍(종목코드 033540)의 경우는 소방자재, 소방설비 시공까지 진행한다. 그리고 오텍(종목코드 067170)은 구급차를 포함한 특수차량을 만들고 있다. 또한 에버다임(종목코드 041440), 나노메딕스(종목코드 074610)는 소방차 등 특수차량을 만들어서 소방청에 납품하고 있다.

전방산업/후방산업
자사를 기준으로 제품 소재
나 원재료 공급 쪽에 가까운
업종을 후방산업, 최종 소비
자와 가까운 업종을 전방산
업이라고 한다.

어떠한 현상이나 이슈가 발생했을 때, 발 빠르게 전후
방산업*을 살피고 소비자의 니즈 변화를 예상해볼 필요
가 있다. 필자 또한 현상 하나에 다양한 시각으로 관련
수혜주와 피해주까지 찾아본다. 그렇게 투자 기업에 대
한 정보를 수집하면서 투자의 적합성을 판단하고 투자
여부를 결정한다.

경제 뉴스로 투자 대상을 파악한다

경제신문의 경우 그날의 주요 뉴스를 중요한 것 위주로 살펴볼 수 있어
좋다. 경제, 기업, 정치, 사회 등 다양한 분야의 상황과 흐름을 한꺼번에 살
피면서 중요하다고 생각되는 곳에 밑줄을 긋고, 투자와 관련된 내용을 투
자노트에 메모한다. 뉴스와 기사처럼, 하나의 현상이 눈에 띄면 곧바로 투
자와 연관 지어서 생각해보는 것이다.

편의점 본사에서 가맹 점주들에게 다양한 지원 정책을 내놓은 기사 내
용을 보게 되었다. 편의점 업계의 경쟁이 점점 치열해지면서 가맹점주들
을 잡아두려는 방안으로 보였다. 이 내용을 보면서 편의점 업계가 당분간
이익이 감소할 것으로 생각했고, 편의점 관련 주식들은 지금 당장은 주가
상승이 어렵다고 판단하여 관련 산업의 주식 매매를 보류했다. 2017년 하
반기 BGF리테일(종목코드 282330)은 가맹점 상생협력에 5년간 1조 500억,
GS리테일(종목코드 007070)은 9,000억 원 투자 계획을 발표했다. 그 후 GS
리테일 영업이익 실적은 YOY(전년 대비 증감률) 대비 20% 역성장하였다.
주가도 최저점으로 갔고, 가맹점 상생 발표 후 주가가 크게 빠져 -47%만
큼 하락했다. BGF리테일도 마찬가지로 주가가 -42% 하락했다.

신문을 살펴보면서 투자에 대한 아이디어가 떠올랐다면, 관련 이슈가 주식에 미치는 영향을 다각도로 고민해보고, 수혜주와 피해주를 예상해보는 것이 좋다. 그리고 실제로 결과가 어떻게 되었는지 반드시 기록하여 나의 분석이 맞았는지 틀렸는지, 그리고 그 이유는 무엇인지를 투자일지에 적어놓아야 한다. 그래야 유사한 이슈가 발생했을 때 실수를 반복하지 않고 적확한 투자를 실행할 수 있다. 신문만 잘 읽어도 투자 기업의 정보를 얻고 투자 여부를 판단하는 데 큰 도움이 된다.

애널리스트의 리포트를 통해 투자 대상 정보를 얻는다

애널리스트 리포트를 통해서도 좋은 정보를 얻을 수 있다. 기업보다는 산업 리포트 위주로 보면 도움이 된다. 하지만 애널리스트가 제시하는 수치, 도표, 그림 등을 비판적인 시각으로 볼 필요가 있다. 간혹 숫자와 내용을 그대로 믿는 투자자들이 많은데, 논리적으로 서술하지 않았다면 반드시 의심해서 읽어봐야 한다. 필자도 초반에 애널리스트의 리포트를 그대로 믿고 투자했다가 실패한 적이 있었다. 그래서 전체 흐름을 볼 수 있는 산업 리포트가 조금 더 신뢰성이 있고, 도움이 된다. 특히 산업 리포트 중에서도 애널리스트가 발품 팔아서 쓴 리포트들이 있다. 이런 리포트들은 일단 페이지 수가 많고, 그림, 도표, 사진 등 많은 자료가 첨부되어 있다. 시간을 갖고 천천히 읽어보면 도움이 된다. 필자는 이런 리포트들을 읽으면서 투자 기업을 수집하고 있다.

주식담당자, 세미나, 기업 탐방으로 직접 확인한다

리포트를 읽다가 실적이 잘 나왔거나 향후 회사가 성장할 수 있는 비즈니스 모델을 보유하고 있다고 생각되는 기업이 보이면 직접 전화를 걸어서 확인해본다. 필자의 경우는 전화 통화를 해서 궁금증을 해소하고 난 이후에 투자를 고려하는 경우가 많다. 특히 실적 발표 시즌에는 실적이 잘 나왔던 기업들의 주식담당자와 일일이 통화한 이후 가장 투자 가치가 높다고 판단되는 기업에 투자를 결정하게 한다.

텍스트로만 해당 기업의 정보를 접하는 것과 실제 기업의 주식담당자와 육성으로 소통하는 것은 정보의 질이 다르다. 물론 각 기업의 주식담당자는 회사의 단점을 가리고 긍정적인 부분을 부각해서 말하는 경우가 대부분이다. 하지만 급박한 상황이 생겼거나, 회사의 실적이 정말 안 좋은 경우에는 감추려야 감춰지지 않는 미묘하게 어두운 뉘앙스가 있다. 전화도 많이 해봐야 청취력이 강해진다.

투자 세미나에 참석해보는 것도 좋다. 시장 상황과 좋은 기업을 찾는 방법에 대한 생각을 정리해볼 수 있다. 간혹 종목을 찍어주길 기대하면서 세미나를 찾는 투자자들이 있는데, 그런 생각이라면 세미나가 큰 도움이 되지 않을 것이다. 어느 곳에서 어떤 방식으로 종목을 찾게 되었더라도 결국은 자신의 머리와 가슴으로 종목을 분석하여 투자 여부를 판단하고 스스로 책임져야 한다.

기업 탐방을 가보는 것도 좋다. 대부분의 상장회사들은 기관투자자를 선호하기 때문에 개인투자자의 방문을 반기지는 않는다. 그래서 주식투자 모임이나 동아리에 가입하여 단체로 방문하는 것이 좋다. 필자의 경우는 기업 탐방을 통해 투자 결정을 내리는 경우가 많다. 보통 5개의 기업을 방문하면 1개의 기업에 투자한다. 그 이유는 회사를 대변하는 주식담당자에게 리스크 대비 방안 위주로 수차례 질문을 던져도 정확한 입장을 듣기는 쉽지 않기 때문이다. 표면적으로 드러난 홍보성 정보 이외의 실질적인 대비 방안을 알아야 해당 종목이 시장의 변화에 능동적으로 대처할 수 있는지를 판단할 수 있다. 실제로 리스크 대비책을 질문했을 때 제대로 대답하지 못하는 회사는 생각보다 많고, 주식담당자의 말만 믿고 투자했다가 실패한 경험도 있다. 기업 탐방을 간다면, 꼭 물어봐야 할 질문 리스트를 준비한다. 그리고 그에 대한 대답을 들은 후 신중하게 판단해야 한다.

투자 스터디를 활용하라

전업투자자가 아닌 직장인이라면 이런 방법들을 모두 실천하기는 쉽지 않을 것이다. 가장 효율적으로 좋은 종목이 될 기업의 정보를 수집하는 방법은 투자 스터디를 활용하는 것이다. 무계획적이고 불규칙한 투자 패턴에서 빠져나와 다른 사람들의 시선으로 시장과 종목을 바라볼 수 있다. 무엇보다 스터디에서 발표하는 기업분석 자료를 활용하면 혼자 할 때보다 많은 종목을 살펴보고 투자 가치를 판단해볼 수 있다. 필자의 경우는 4개의 투자 스터디에 가입하여 활동 중인데, 한 달에 4번 참석하면 20여 개의 기업분석 자료를 얻을 수 있다. 이 중에서 괜찮은 기업을 발견하면 나만의 관점으로 해당 종목을 재분석하여 투자 여부를 결정한다. 한 달에 한 번만 시간을 내면 4~5개의 기업에 대한 힌트를 얻을 수 있다.

⟨2단계⟩ 밴드 차트로 주가의 현재 위치와 저점 여부를 판별한다

리서치를 통해 종목을 발굴했다면 주가의 위치를 확인한다. 필자는 주식

가격이 저점, 완전히 바닥인 종목을 선호한다. 고점 대비 반 토막(50%) 난 종목이면 더 좋다. 주가가 이미 오른 주식들은 제값을 받고 있어서 투자 매력도가 떨어지기 때문이다. 반면에 저점을 찍고 있는 기업들은 주가가 회복되었을 때 가파르게 상승하고 쉽게 떨어지지 않는다. 악재를 다 겪고 투자자들의 시선에서도 멀어진 기업들이 대부분이기 때문이다. 그래서 필자는 주가의 위치를 중요하게 생각한다. 대신에 주가가 저점인 종목은 왜 주가가 바닥을 치고 있는지 그 원인을 면밀히 분석해놓아야 한다. 그래야 주가가 일시적인 침체를 겪고 있는 상황인지 장기적인 침체로 이어질 것인지를 예측해볼 수 있다. 또한 주가 침체의 원인이 되었을 때 이를 곧바로 알아채고 해당 종목의 추가매수 여부를 판단할 수 있다.

주가 저점을 확인하는 방법 중에 PER, PBR 밴드를 활용하는 방법이 있다. PER 밴드는 그동안 회사의 실적과 주가를 기준으로 시간의 흐름을 선으로 그어놓은 것이다. PBR 밴드는 회사의 순자산과 주가를 기준으로 한다. 역사적으로 PER, PBR 밸류 상단과 하단을 확인할 수 있기 때문에 저평가 여부를 판단할 때 활용하는 투자지표 중 하나다.

다음 그림은 컴투스(모바일 게임 기업, 종목코드 078340)의 PER 밴드와 PBR 밴드다. 여기서 빨간 선이 그동안 이 회사가 받아왔던 PER, PBR의 밸류(value) 하단이다. 이 하단 근처로 오면 주가는 바닥이고 매수하기 좋다는 뜻이다. 반대로 주가가 오르면 최대 상단(주황색 선)까지 올라갈 수 있다. 그러면 밸류가 부담스러워지고, PER 밴드 상단에 위치해 있다는 것은 주가가 그만큼 '실적 대비 적정가격*에 근접해 있다'라고 해석할 수 있다.

적정가격
증권 혹은 기타 자산의 매수에 적용되는 적절한 가격

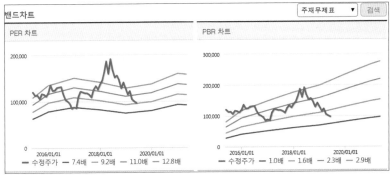

컴투스 PER(좌), PBR(우) 밴드 차트

자료: 네이버증권 종목분석

PER 밴드와 PBR 밴드를 활용하여 주가 바닥을 확인할 때 유용하다. 빨간색 선(컴투스 PER 밴드는 7.4배, PBR 밴드는 1.0배) 근처에 도달하면 주가 바닥 위치로 판단한다.

컴투스 PER 밴드 차트는 2019년 6월 기준으로 PER 9.2배(연두색 선)에 머물러 있다. 물론 과거 실적(2018년)을 기반한 것이므로 참고만 하면 된다. 2019년 실적을 추정해서 예상 PER을 구한다면 밴드 차트에서 위치를 추정해보면 된다. 만약 7.4배(빨간 선) 근처라면 정말 매력적인 종목으로 생각해도 된다. 컴투스 PBR 밴드 위치는 바닥 부근(1.0배)으로 내려가고 있었고, 자산가치도 바닥이라는 신호를 보내고 있었다(이 지표를 확인하고 싶다면 '네이버 증권' → '종목분석'에 들어가면 확인할 수 있다).

다음의 컴투스 차트를 보자. 2019년 4월, 컴투스 주가는 과거 고점(19만 1,000원) 대비 주가가 반 토막 난 상황(10만 원)이었다. 주가가 내린 이유를 보면 기대 신작 게임인 '스카이랜더스'의 출시 지연 및 출시 이후의 흥행 실패와 대작으로 기대를 모았던 '서머너즈워 MMORPG' 출시 지연이 주요한 원인으로 분석된다. 거기에 최저임금 상승에 따른 인건비 부담과 주

컴투스 주가 차트(월봉)

자료: 네이버증권 차트

검은색 원 표시는 컴투스 PER, PBR 밴드 하단 지점이다. 주가 바닥이라고 판단한 것이다.

52시간 근무제로 바뀌면서 추가 인력 확보에 따른 비용 상승으로 영업이익 실적이 전년 대비 25% 역성장한 상황이었다.

주가 하락의 이유를 살폈다면, 곧이어 주가 반등 요인이 있는지를 살펴봐야 한다. 게임주들의 주가 상승은 대부분 신작 효과로 이어지는 경우가 많았다. 결국 컴투스도 신작 출시 일정과 결과가 중요하다. 아니면 보유하고 있는 현금성 자산* 7,500억 원을 M&A(인수합병)로 활용하거나, 주가가치 제고(자사주 매입, 배당금 확대 등)로 이어진다면 주가 상승으로 이어질 수 있다.

현금성 자산
쉽게 현금화할 수 있는 일종의 대기 투자자금. 재무상태표상에서 '현금 및 현금성 자산(현금, 수표, 당좌예금 등)'과 '단기 금융상품(정기예금, 정기적금 등)'을 합한 자산이다.

기업 리포트와 사업 보고서로 주가의 흐름을 살핀다

이제 조금 더 자세하게 종목을 살펴보자. 기업 리포트를 보면 최근 주가 흐름을 이해할 수 있고, 사업 보고서를 보면 구체적인 수치로 현재 회사 상황을 검증할 수 있다. 특히 기업 리포트에서는 주로 증권사 애널리스트가 최근 상황을 코멘트해주고, 향후 전망치를 제시해준다. 하지만 분석 자료를

컴투스 기업 리포트

작성일	제목	적정가격	투자의견	작성자	제공출처	기업정보	차트	첨부파일
2019-04-18	컴투스(078340)서머너즈 워 모멘텀 또...	132,000	Buy	성종화	이베스트증권			
2019-04-15	컴투스(078340)주가 상승 모멘텀 부족	130,000	Buy	원민석	하이투자증권			
2019-04-08	컴투스(078340) 스카이랜더스의 부진...	130,000	Buy	이동륜, 손정훈	KB증권			
2019-04-01	컴투스(078340)어어가야 할 시기	0	중립	정호윤	한국투자증권			
2019-04-01	게임빌(063080)컴투스 지분 가치 전략	50,000		이민아	KTB투자증권			
2019-03-19	컴투스(078340)현재로서는 아쉬운 신...	125,000	Buy	최진성	현대차투자증권			
2019-03-14	컴투스(078340)스카이랜더스 우려가 ...	100,000	Hold	오동환, 이준용	삼성증권			
2019-03-14	컴투스(078340)컴투스 3/13 하락 코멘...	0	–	이문종, 이수민	신한금융투자			
2019-03-14	컴투스(078340)스카이랜더스 링 오브 ...	0	–	이동륜, 손정훈	KB증권			
2019-03-13	컴투스(078340)밸류에이션은 다시 제...	110,000	Hold	이민아	KTB투자증권			
2019-03-06	컴투스(078340)초기매출 순위에 흔들...	215,000	Buy	김학준	키움증권			
2019-03-06	컴투스(078340)서머너즈 워 IP 확장 시...	140,000	Buy	황현준	DB금융투자			
2019-02-12	컴투스(078340)성적이 중요해진 시점	145,000	Buy	박건영	교보증권			
2019-02-11	컴투스(078340)드디어 기대했던 신작 ...	150,000	Buy	이승훈	IBK투자증권			
2019-02-11	컴투스(078340)스카이랜더스 흥행 확...	135,000	Buy	이문종, 이수민	신한금융투자			

자료: 한경컨센서스

한경컨센서스에서 기업을 검색하고, 기간을 설정하면 과거 리포트까지 모두 확인할 수 있다. 기업 규모가 클수록 다루는 증권사들이 많다.

기업 리포트(2019년 6월, 당시 주가 10만 원 기준)

- 제목만 봐도 긍정적인 평가보다는 부정적인 평가가 많았음
- 대부분 적정가격을 과거 대비 하향 조정함
- 기대 수익률 20~30% 수준
- 투자 의견도 매수가 많았지만, 일부 보유 의견 및 투자 의견을 제시하지 않았음

참고하는 정도로만 보는 것이 좋다. 사업 보고서는 실적의 근거를 파헤쳐 볼 수 있다. 어디서 비용이 더 많이 들어갔고, 매출이 더 잘 나온 사업부는 어디인지, 공장 가동률은 어떻고, 경쟁업체 대비 시장점유율은 어떤지, 대표가 받아간 월급 비중은 얼마나 되는지 모두 확인할 수 있다.

다음은 컴투스의 기업 리포트와 사업 보고서이다.

컴투스의 사업보고서를 보면 매출 하락에 의해 전년 대비 영업이익이 480억 원 감소했다. 최저임금제에 따라 급여는 34억 원 증가했다. 지급 수수료도 80억 원 증가했고, 게임업체의 경쟁 심화로 마케팅비는 50억 원 증가했다. 현금성 자산은 약 7,500억 원 수준이다.

컴투스 주가가 하락한 이유는 지급수수료, 마케팅비, 인건비 등 총 218억 원의 영업비용이 발생하면서, 2018년 영업이익이 전년 대비 480억 원 감소했기 때문이다.

사업보고서
- 매출 하락(기존 게임 서머너즈워 일매출 감소), 전년 대비 262억 원 감소
- 급여: 34억 원 증가, 2019년 급여(385억 원, 885명), 2018년 급여(351억 원, 797명), 최저임금 상향 영향받음, 신규 게임 출시에 따른 인력 채용
- 지급수수료(구글스토어, 앱스토어에 지급하는 수수료) 80억 원 증가, 마케팅비 50억 원 증가, 게임업체 경쟁 심화로 비용 증가
- 현금성 자산 약 7,500억 원 수준

컴투스 주가 하락 원인 분석
- 지급 수수료, 마케팅비, 인건비 등(총 218억 원) 비용 증가, 영업이익 감소
- 2018년 영업이익은 2017년 대비 480억 원 감소

컴투스 사업 보고서 (2018)

연결 포괄손익계산서
제 21 기 2018.01.01 부터 2018.12.31 까지
제 20 기 2017.01.01 부터 2017.12.31 까지
제 19 기 2016.01.01 부터 2016.12.31 까지

(단위 : 원)

	2018년 제 21 기	2017년 제 20 기	제 19 기
수익(매출액)	481,754,716,811	507,987,250,927	513,049,917,922
매출원가	58,845,449,930	51,331,996,028	51,536,824,093
매출총이익	422,909,266,881	456,655,252,899	461,513,093,829
판매비와관리비	276,270,068,416	262,008,153,994	269,536,625,623
영업이익(손실)	146,639,198,465	194,647,098,905	191,976,468,206
이자수익	15,057,262,823	10,159,199,603	
금융수익	408,299,149	11,289,390	8,218,689,276
금융원가	725,652,386	2,523,095,857	1,882,792,274
기타이익	4,689,930,471	609,857,134	163,323,301
지분법이익	4,689,930,471	609,857,134	163,323,301
기타영업외수익	10,313,084,897	2,222,731,790	6,717,921,558
기타영업외비용	5,481,811,984	11,900,168,933	6,246,089,597
법인세비용차감전순이익(손실)	170,900,311,435	193,226,912,032	198,947,520,470
법인세비용	41,213,030,341	50,851,498,490	47,180,385,576
당기순이익(손실)	129,687,281,094	142,375,413,542	151,767,134,894

컴투스 2018년 사업보고서를 보면 매출액은 일부 감소했지만, 영업이익은 크게 감소한 것을 확인할 수 있다. 매출원가, 판매비와 관리비 모두 증가했다.

2017, 2018년 사업 보고서 비교

(당기) 2018년 (단위: 천원)

계정과목	매출원가	판매비와관리비	성격별 비용
종업원급여	14,962,689	23,552,008	38,534,697
감가상각비와 무형자산상각비	538.31 9	2,089,129	2,627,448
지급수수료	13,080,033	173,118,250	186,198,283
지급임차료	5,070.24	1,807.749	6,877,969
외주용역비	234.92 1	0	234.92
경상연구개발비	24,425.51 4		24,425.51 4
마케팅비	-	71,588.28 8	71,588.28 8
기타비용	513.73 4	4,114.64	4,628.37 8
합계	58,845.45 0	276,270.06 8	335,115.51 8

(전기) 2017년 (단위: 천원)

계정과목	매출원가	판매비와관리비	성격별 비용
종업원급여	12,429,845	22,672,194	35,102,039
감가상각비와 무형자산상각비	968.347	1,796.552	2,764.899
지급수수료	12,838,683	165,394,387	178,233,270
지급임차료	4,619,253	1,606,968	6,226,221
외주용역비	113.332	-	113.332
경상연구개발비	19,941,896	-	19,941,896
마케팅비	-	66,563,280	66,563,280
기타비용	420.442	3,974.774	4,395.216
합계	51,331,998	262,008,155	313,540,153

사업보고서에 들어가서, 연결 재무제표 주석란으로 들어가면 어떤 부분의 비용이 늘어났는지 확인이 가능하다. 종업원급여, 지급수수료, 마케팅비 등 모두 증가했다.

> **Tip** 네이버증권에서 간단하게 검증하기
>
> 네이버증권에서는 회사의 재무제표를 아주 간단하게 살펴볼 수 있다. 여기서 확인해야 할 부분은 매출, 영업이익, 당기순이익, 영업이익률, ROE, 부채비율, 시가배당률이다. 왜 실적이 늘고 있고, 줄어드는지 반드시 확인해야 하고, ROE(당기순이익/자본총계 평균치) 지표는 10% 이상 꾸준히 올라가는 추세인지 확인해야 한다. 부채비율은 당연히 낮아야 좋은데, 일반적으로 100% 미만이면 무난하고, 50% 미만이면 안정적인 회사라고 생각한다. 시가배당률도 투자자에게는 의미가 있다. 이왕 투자할 거라면 배당까지 받으면 기분 좋은 투자로 이어질 수 있다. 배당은 보통 1% 이상 받으면 무난한 편이고, 2% 이상부터는 배당을 높게 받는다고 생각하면 된다. 시중 금리가 2.00%도 안 되는 상황이기 때문이다.

4단계   종목에 대해 궁금한 점을 기업에 직접 확인한다

기업을 깊이 있게 분석하다 보면 궁금한 부분이 생기기 마련이다. 그런데 기업 리포트나 사업보고서를 찾아봐도 궁금증이 풀리지 않는다면 어떻게 해야 할까? 향후 회사의 사업 진행 과정과 리스크에 대한 예측이 어렵다면, 일단 투자자 입장에서 투자 리포트를 써보자. 어떤 부분을 매력적으로 보았고, 해당 기업의 성장 동력은 무엇이고, 예상되는 투자 리스크는 무엇인지 정리해본다.

질문 작성이 끝나면 이제 스스로 그 질문의 예상 답변을 작성해보자. 문답 리스트 작성이 끝나면 실제 전화 통화하는 것처럼 질문하고 답변을 듣고, 또 질문하는 것을 연습해보는 것이 좋다. 만약 스터디 모임을 하고 있다면 질문자와 답변자로 역할을 나누어 연습하면 좋다. 머릿속으로 생각했던 것과 실제 상황은 엄연히 다르다. 질문할 것만 적어놓고 전화통화를 하는 것과 예상 문답을 작성해서 실제처럼 연습해보고 통화하는 것은 통화의 질이 다를 수밖에 없다. 그래야만 주식담당자의 형식적인 답변을 듣는 통화가 아니라, 내가 투자를 결정하기 어려웠던 부분에 대한 궁금증을 해소하는 통화가 이루어질 수 있다.

질문 리스트를 작성해두면 이 회사가 리스트를 어떻게 관리하고 대처할지에 대한 분석을 하는 데 용이하다. 더불어 주식담당자와의 통화나 탐방을 통한 만남의 자리에서도 정확한 정보를 확인하는 데 도움이 된다.

〈질문 체크리스트〉 예시

대한약품, 주식담당자(주담)와 통화내용 중(2017년 10월)

1. 기초수액 쪽 시장점유율이 지속적으로 올라왔는데 현재 추세도 우상향인가?
주담: 30% 정도 된다. 현재 CJ와 비슷하다. 우상향인지는 모르겠으나 비슷하게
　　　흘러가고 있다.

2. 기초수액이 쓰이는 곳은? 동물병원에도 많이 나가는가?
주담: 동물병원에도 많이 나가는데 정확히 어느 정도 나가지는 모른다. 나무에도
　　　수액을 꽂는 시대다. 다양하게 쓰이고 있다.

3. 영양수액 쪽에서는 경쟁력이 없나?
주담: 영양수액은 상품마다 다르다. 우리는 아미노산 영양수액에서 잘하고 있다.
　　　포도당보다도 더 영향가가 있는 제품이라고 보면 된다. 이쪽으로 우리가
　　　경쟁력이 있다.

4. 해외 수출 가능성은 아예 없는가?

주담: 해외 수출은 특수 수액만 가능하다. 우리는 현재 하고 있지 않다.

5. 배당 계획은 어떻게 되는가?

주담: 이익이 더 많이 나와서 더 많이 줄 가능성이 높다(2018년 220원, 시가 배당률 0.8%).

Tip 기업 IR 및 컨퍼런스콜 참여

회사가 IR이나 컨퍼런스콜을 진행할 때, 직접 참여하면 투자 판단에 큰 도움이 된다. 회사는 증권사를 통해서 IR를 진행하는데 가끔 개인투자자들의 참여를 제한하는 경우도 있지만, 대부분은 참석하여 해당 기업의 내용을 들어볼 수 있다. 그리고 중견기업 이상에서는 실적 발표 후에 컨퍼런스콜을 진행하는 경우가 많다. 해당 회사의 홈페이지에 들어가서 내용을 자세히 들어볼 수 있으니 충분히 활용하자. 회사의 경영 방향, 사업 진행 현황, 신사업 준비 상황, 실적 브리핑 등 다양한 내용을 다룬다. 마지막으로 투자자들과의 Q&A 시간을 통해 회사의 세심한 답변까지 들을 수 있으니 끝까지 집중해서 들어야 한다.

필자는 IR에 참석했더라도, 컨퍼런스콜도 가능하면 참석한다. 한 달 사이에도 회사의 경영 방침이나 계획이 수시로 바뀌고, 컨퍼런스콜에 참석하는 애널리스트들의 질문도 새겨들을 부분이 있기 때문이다. 그리고 이렇게 기업에 대한 정보를 모았다면, 스스로 정리해보는 시간을 꼭 가져야 한다.

5단계 　본업의 실적 및 투자 심리를 분석한다

투자 판단을 할 때 가장 중요한 것은 투자 대상이 되는 회사의 본업 실적이 향상되거나 유지되고 있는가이다. 그 이유는 기업의 신사업 론칭이 제대로 이루어져 매출이 크게 향상되었더라도 본업의 실적이 부진하다면 아무런 의미가 없기 때문이다. 회사의 근간이 되는 본업이 제대로 운영되어야 신사업의 성장도 의미를 갖는다. 장기간 회사의 주력 매출을 견인한 본업은 시장의 변화에 대응력이 높고 소비자의 만족도가 높다. 그리고 투자자 역시 리스크를 안고 새롭게 시도되는 신사업보다는 본업의 실적을 평가해 투자 가치를 정한다. 반면에 신사업은 시장 변화에 능동적으로 대처하기 쉽지 않고, 시장점유율을 높이거나 유사 상품과의 경쟁에서 살아남아야 하는 과정이 기다리고 있다. 특히 본업의 매출 비중이 높다면 더 신경써서 확인해야 한다.

만약 본업의 실적이 부진하다면, 그동안 정리해놓은 기업분석 자료에서 주가 하락 원인과 노이즈 발생 원인이 있는지 살펴봐야 한다. 뉴스와 기사, 공시, 리포트 등을 확인해보고 네이버증권 게시판 등 투자자들이 의견을 피력하는 게시판의 분위기를 파악해본다. 특히 게시판에 해당 기업을 비방하는 글이 많다면 주가는 하락하는 상황으로 볼 수 있다. 그리고 주가는 하락하고 있는데 오히려 게시판은 평온하고 새롭게 올라오는 글이 드물다면, 주가가 바닥에 도달했다는 신호로 해석할 수 있다.

(**6단계**) **예상 실적을 산출하고 분석한다**

자료 수집이 완료되었다면 이제 수치화하여 객관적으로 종목 분석을 해봐야 한다. 예상 매출, 영업이익, 당기순이익*, 지배순이익* 순으로 회사의 재무 건정성을 파악해봐야 하는데, 사실 숫자에 익숙하지 않은 일반투자자에게는 가장 어려운 부분이다.

그렇지만 실적 데이터 추정치에 의존하여 판단하는 것과 실제로 내가 자료들을 가지고 추정치를 계산해보는 것은 투자에 대한 감이 확연히 다르다. 분기별로 발표되는 실적의 의미와 가치를 제대로 알고 정확한 투자 판단을 하려면, 스스로 종목의 예상 실적과 분석 작업을 해봐야 한다.

간단히 설명하자면, 먼저 실적 자료를 구한 후 사업부별 예상 매출은 애널리스트 기업리포트를 활용하거나, 사업보고서, 뉴스, 기사 내용 등을 종합해서 추정한다. 다음으로 회사의 영업이익률 예측치를 적용해봐야 하는데, 전년도 영업이익률을 기준으로 최근 발생한 이슈(최저임금 상향 조정, 원자재 가격 상승, 판매단가 상승 등)를 반영하여 산정한다. 마지막으로 당기순이익을 구해야 한다. 당기순이익도 영업이익률을 구할 때와 마찬가지로 전년도를 기준으로 하되 이슈가 되는 요건(환율 상승, 이자 비용 상승, 매각 이익 등)을 반영하여 산정한다.

한 가지 주의할 점은 지배구조라면 당기순이익과 지배순이익의 수치 차이가 발생할 수 있으니 반드시 확인해야 한다. 2012년부터 재무제표가 국제회계 기준(IFRS)으로 바뀌면서, 자회사도 지분법만

당기순이익

일정 회계기간 동안 발생한 기업의 순이익(매출액에서 매출원가, 판매비와관리비를 빼고, 여기에 영업외 수익과 비용, 특별이익과 손실을 가감한 후 법인세를 뺀 것)을 말한다.

지배순이익(지배주주 순이익)

모회사의 당기순이익을 계산할 때 자회사 순이익을 모회사의 자회사 지분만큼 반영한 수치를 말한다.

큰 이익으로 반영하게 되었다. 지분법에 따라 지배순이익, 비지배순이익으로 나뉘게 된다. 그래서 주식투자자는 PER을 산출할 때 지배순이익으로 산정해야 한다는 것을 잊지 말자. 그리고 보수적인 관점으로 예상 실적을 추정하는 것이 좋다. 공격적으로 실적을 추정하게 되면 투자 판단에 대한 착오가 생길 수 있다. 착오에 의한 투자 실패를 겪고 싶지 않다면, 최대한 보수적으로 실적을 추정해야 한다.

7단계 · 저평가 여부를 판단한다

실적을 추정했다면, 이제 추정 실적을 바탕으로 저평가 여부를 따져본다. 저평가 여부를 가늠하기 위해서 필자가 분석하는 지표는 3가지다. 수익성을 나타내는 PER, 안정성을 나타내는 PBR, 효율성을 나타내는 ROE*이다. 이 3가지 대표적인 지표를 분석해서 살펴본다면, 저평가 여부를 판단하기에는 충분하다고 본다.

> **ROE**(Return On Equity, 자기자본이익률)
> 경영자가 기업에 투자된 자본을 사용하여 이익을 어느 정도 올리고 있는가를 나타내는 기업의 이익창출능력

PER(예상) = 현재 시가총액 ÷ 예상 당기 지배순이익

PBR(예상) = 현재 주가 ÷ 예상 BPS(주당 순자산)

ROE(예상) = 예상 당기 지배순이익 ÷ 예상 자본총계

컴투스를 예로 들어보면, 2019년 5월 24일 기준으로 시가총액이 1조 2,403억 원이고 주가가 9만 6,400원이다. 이때 예상 PER, PBR, ROE를 추정해보자(91쪽 컴투스 PER, PBR 밴드 참고).

- Forward PER[*]: 1조 2,403억 원÷1,387억 원=8.94 배(PER 밴드 하단, 최하단 PER 7.4)

  *PER의 밸류상으로는 저평가 기준
- Forward PBR: 1.24 배(BPS 7만 7,439원 기준)
- *PBR 밸류상으로는 저평가 기준(PBR 밴드 하단, 최하단 PBR 1.0)

- Forward ROE: 15.4%, 자본 가치 대비 효율성이 잘 나오고 있는 상황

Foward PER

향후 미래에 벌어들일 것으로 예측되는 추정 실적을 기준으로 계산하는 Forward(예상) 기준 PER과 과거 발표된 실적을 기준으로 계산하는 Trailing(후행) 기준 PER로 나뉜다.

ROE 15% 이상 나오는 기업은 효율성이 높은 편이다. 100억 원의 자본을 투입하고, 매년 15억 원씩 순이익을 가져가기 때문이다. 약 6년 6개월이면 내 자본만큼 돈을 벌 수 있다는 뜻이다. 투자 경험상 ROE 15% 이상인 기업은 많지 않았다.

이러한 지표를 근거로 필자는 컴투스가 상당히 저평가되어 있다고 분석했다. 보통 게임 업종에서는 PER 10배 이상인 경우가 대부분인데, 컴투스는 9배 수준이었기 때문이다. 게임 산업은 미래 성장성이 높은 산업군이고, 산업 자체가 매년 계속 커지고 있다. 그리고 게임 하나만 잘 만들어도 큰 이익으로 이어질 수 있다. 단일 게임의 매출에 대한 기대는 리스크가 분명히 있지만, 본업 매출의 꾸준한 수익 창출과 향후 신작 라인업을 고려하면 저평가된 종목으로 생각되었다.

저평가는 주가 하방에 대한 안정성을 판단하는 척도라면, 성장성은 주가 상승에 대한 기대감을 높일 수 있는 중요 지표다. 필자가 살펴보는 기업의 성장성은 '전년 대비 실적이 얼마나 증가했는지' 그리고 '향후 성장이 될 만한 재료가 있는지'다. 특히 실적으로 이어지는 재료가 있으면 강력한 주가 상승으로 이어지는 경우가 많았다.

예를 들어 엔씨소프트는 PC게임이 본업 매출이었다. 하지만 2017년 6월에 출시한 '리니지M' 모바일 신규 게임은 강력한 재료였고, 회사의 큰 성장 동력이 되었다. 출시하고 첫째 달에 일평균 매출이 87억 원이었다. 그 뒤로 3분기에도 일평균 매출 40억 원을 기록했다. 차후 실적으로 이어지면서 주가는 25만 원에서 50만 원까지 올라갔다. 또한 본업까지 성장하고

엔씨소프트 – 2016~2017년 '리니지M' 신작 게임으로 도약

주요재무정보	최근 연간 실적			
	2016.12	2017.12	2018.12	2019.12 (E)
	IFRS 연결	IFRS 연결	IFRS 연결	IFRS 연결
매출액(억원)	9,836	17,587	17,151	16,858
영업이익(억원)	3,288	5,850	6,149	5,177
당기순이익(억원)	2,714	4,440	4,215	4,341

자료: 네이버증권

엔씨소프트는 '리니지M' 신작 게임 흥행으로 2017년에 크게 도약할 수 있었다. 게임주는 게임 하나만 잘 만들어도 든든한 캐시카우 및 성장 동력을 만들어낼 수 있다.

있는데, 신사업에서도 성장한다면 회사가 크게 성장할 수밖에 없다. 이 경우에도 주가는 크게 올라간다.

종목이 속한 시장의 업황 분위기도 중요하다. 성장할 수 있는 구조인지, 법이나 정부 규제에 의해 천장이 닫혀 있는지 철저히 따져봐야 한다. 예를 들어, 방탄소년단이 미국 빌보드 차트에 오르고, 아메리칸 뮤직 어워드에서 '페이보릿 소셜 아티스트' 상과 한국 가수 최초로 2년 연속 톱 소셜 아티스트 상을 받았다. 이를 한국 가수를 전 세계적으로 알릴 수 있는 계기가 되었다는 지표로 볼 수 있다. 앞으로 한국 가수의 팬들이 더 늘어날 것이고, 세계로 뻗어나갈 수 있는 발판을 마련한 것이다. 이런 상황이라면 엔터테인먼트 주식은 전체적으로 좋은 주가 흐름을 만들 것이다. 하지만 해당 연예인이 구설수(사건·사고)에 휘말리게 되면, 일순간에 팬들이 사라지게 된다. 업황 분위기는 시시각각 변하기 때문에 주기적으로 추적 관찰해야 한다.

Tip **모멘텀 여부 찾아보기**

모멘텀이란 회사의 주가가 올라갈 만한 소재로, 모멘텀 투자는 회사의 주가가 1년 이내에 올라갈 수 있을 만한 재료를 찾아보는 것이다. 신규 제품 출시, 신작 게임, M&A, 대작 드라마 및 영화 출시, 공장 증설, 주주가치제고 등 호재될 만한 내용을 가지고 투자하는 방식이다. 다만 실적으로 이어지는 경우 주가는 더 크게 올라가는 경향이 있다. 실적으로 이어지지 않는 경우에는 주가가 기대감에 올라온 만큼 다시 빠지는 경우가 많다. 모멘텀은 투자 시간이 단축될 수 있는 촉매제 역할을 해주고, 예상 투자 시기에 계획하여 투자할 수 있다는 장점이 있다. 투자할 때, 모멘텀의 여부는 보너스 개념이라고 생각하면 쉽다. 있으면 좋고, 없어도 지장이 없다는 뜻이다.

투자할 기업의 예상 적정주가를 직접 구하는 단계이다. 기업분석을 할 때 가장 어려우면서도 중요한 단계는 예상 실적 산출하기와 예상 적정주가 구하기다. 자료를 수집해서 최종적으로 종합해야 하고, 투자자의 통솔력과 직관력이 필요하다. 특히 예상 적정주가 구하기에서는 멀티플(타깃 PER)이 수학 공식처럼 산출되는 부분이 아니다.

멀티플이란, 배수라는 뜻으로 PER의 몇 배라는 뜻으로 해석한다. 예를 들어 '엔씨소프트는 멀티플 20배를 받고 있다'라고 이야기하면 현재 주가가 PER 20배의 가치를 받고 있다는 뜻이다. 또한 '삼성전자는 향후 D 램 가격 상승 가능성이 높아서 멀티플 10배를 받아도 적정하다'라고 이야기하면 향후 적정주가를 산정할 때 멀티플 10배로 설정해서 적정가격을 구한다는 뜻이다. 경험적인 데이터를 바탕으로 객관적이면서도 상황에 따라 유연하게 적용해야 조금 더 오차범위를 줄일 수 있다.

멀티플은 업황 상황, 경쟁업체 밸류, 비즈니스 모델, 성장 구조, 시장 확대 가능성 등 다양한 요인으로 결정할 수 있다. 전문가인 애널리스트도 멀티플을 적용해서 목표주가를 제시하지만, 정답은 없다. 멀티플을 결정할 때는 정말 합리적으로 구했는가, 투자자들을 설득할 수 있는가를 고려해야 한다. 그 멀티플을 준다고 했을 때, 투자자들이 고개를 갸우뚱하며 이해하지 못한다면 합리적으로 도출하지 못했다는 뜻이다. 그만큼 멀티플 산정은 설득력 있게 진행해야 한다.

예를 들어 하나금융지주(종목코드 086790)와 JB금융지주(종목코드 175330)는 같은 은행주라고 해도 똑같은 멀티플을 받을 수 없다. 하나금융지주는

적정주가 구하는 방법

예상 (지배)당기순이익×멀티플(타깃 PER)=적정 시가총액
*적정 시가총액/상장 주식 수=적정주가

1단계 – 올해 예상 매출액을 구한다.
과거 실적, 애널리스트 기업 리포트, 주식담당자 통화, 회사 자료 등을 참고한다.

2단계 – 예상 영업이익률을 구한다.
과거 영업이익률, 애널리스트 기업 리포트를 참고한다.

3단계 – 예상 영업이익, 순이익을 구한다.
사업보고서, 애널리스트 기업 리포트, 주식담당자 통화, 회사 자료 등을 참고한다.

4단계 – (지배)순이익 구조를 파악한다.
최근 나온 실적을 참고한다. 예를 들어 최근 나온 실적에서 당기순이익이 100억 원인데, 지배순이익이 80억 원이라면, 향후 예상되는 당기순이익에도 80%를 적용한다.
예) 200억 원을 예상한다면, 지배순이익 160억 원을 반영해서 계산한다.

5단계 – 해당 기업의 멀티플을 파악한다.
해당 업종의 멀티플, 애널리스트 기업 리포트, 경쟁업체의 멀티플 참고, PER 밴드의 범주 (하단~상단)를 파악하여, 종합적인 판단이 필요하다.

6단계 – (지배)순이익×멀티플=적정 시가총액을 구한다.
100억 원×10배=1,000억 원
(현재 시가총액이 800억 원이라면, 25% 상승 여력이 있다는 뜻이다.)

7단계 – 적정 시가총액/상장 주식 수=적정주가를 구한다.
1,000억 원/1,000만 주(0.1억 주)=10,000원
(현재 주가가 8,000원이라면, 25% 상승 여력이 있다는 뜻이다.)

전국적으로 영업을 하고 있는 은행사이며, JB금융지주는 전북과 광주에 집중해서 영업을 하고 있는 은행사이기 때문이다. 하나금융지주는 멀티플 5~10배를 받을 수 있다면, JB금융지주는 3~6배를 받을 수 있다. 결국 멀티플은 성장과 확장에 따라 달라진다.

또한 고성장하는 업종은 멀티플을 높게 받는데, 2차 전지, 헬스케어, 제약바이오, 미디어, 엔터테인먼트, 플랫폼 등이 해당된다. 반대로 저성장하는 업종은 멀티플을 낮게 받으며, 건설주, 자동차주, 철강주 등이 해당된다.

10단계 : 이슈 체크리스트로 투자 종목을 추적 관찰한다

투자지표와 적정주가까지 모두 산출했다면, 이제는 어떤 부분을 위주로 추적 관찰해야 하는지 나만의 리스트를 만들어본다. 매수하고 나면 끝이 아니라 기업의 투자 포인트대로 추적해야 한다. 개인투자자들이 손절매를 잘 못하는 이유가 여기에 있다. 그냥 사놓기만 하고 주식을 방치해두었다가 주가만 올라가면 매도한다고 생각한다. 주식투자는 기업과 동행하는 것이다. 그 기업이 잘하고 있는지, 못하고 있는지 반드시 확인해봐야 한다. 그리고 회사에 어떤 이슈가 있는지 확인한다. 회사의 소음, 오버행* 물량, 수급, 주가 위치를 최종 점검해본다.

오버행(Overhang)
대량의 대기물량. 주식시장에서 언제든지 매물로 쏟아질 수 있는 잠재적 과잉 물량 주식을 의미한다.

첫째, 회사 주가가 그동안 빠진 이유를 보면 대부분 소음 때문인 경우가 많다. 물론 그 소음이 장기적인 이슈인지, 일회성으로 끝나는 이슈인지 확인해봐야 한다. 일회성 이슈라면 그때가 바로 저가 매수 기회이다. 말 그대로 일회성으로 그치기 때문이다. 특히 정기 세무조사, 대손상각비용, 매각 차익에 따른 손실 등은 장기적인 실적 성장에 큰 영향을 주지 않기 때문이다. 그래서 이런 이슈가 나오면 주가가 단기적으로 빠지는 경우가 많다. 기회를 잘 노린다면, 저가 매수할 수 있는 기회이다.

둘째, 향후 추가 상장될 만한 이슈가 있는지 점검해보자. 유상증자, 신주인수권부사채(BW)*, 전환사채(CB)* 등 만기가 다가오는 여부를 점검하면 좀 더 싼 가격으로 매수할 기회가 생긴다. 특히 사채를 주식으로 행사하는 경우, 그때는 시장에 대량의 매도 물량이 나오기 때문에 좋은 기회가 될 수 있다. 주식형 채권은 채권의 성격을 가지고 있다가, 기간이 지나면 주식으로 전환하거나

신주인수권부사채(BW)
발행회사의 주식을 매입할 수 있는 권리가 부여된 사채

전환사채(CB)
주식과 채권으로 전환할 수 있는 옵션(선택권)

신주로 받을 수 있다. 보통 주식형 채권에 투자한 사람들은 2~3년의 기간을 가지고 투자하는데, 회사의 장기적인 성장을 보고 투자하는 경향이 있다. 내가 투자했을 때보다 주가 가격이 높으면 주식으로 전환하거나, 주가가 낮게 형성되어 있으면 주식으로 전환하지 않고 최초 투자 금액을 그대로 돌려받을 수 있다. 주가가 높게 형성되어 있으면 대부분 주식으로 차익을 실현하는 경향이 있다. 물량 자체가 커서 시장으로 나오게 된다면 주가는 크게 빠진다. 그래서 급하게 매수할 게 아니라 조금 더 기다린 후 매수한다.

셋째, 수급적인 부분도 점검해본다. 최근에 누가 해당 주식을 팔고 사는지 확인해보는 것이다. 저점에서 회사나 기관들이 매수하고 있다면 주가가 바닥을 다지고 있는 과정으로 생각할 수 있다. 또한 그 전에 많이 매집했던 기관이 손절매를 하고 있다면 저가 매수하기에 좋은 타이밍이다. 기

관 물량이 생각보다 많아서 주가가 크게 빠질 수도 있다. '기관이 매도하는 걸 보면 이 기업은 매력이 없는 거 아냐?'라고 걱정할 수 있다. 하지만 기관도 펀드를 굴리는 입장에서 포트폴리오 변경이나 주가 하락에 따른 손절매 기준을 설정해놓고 매매한다. 그래서 단기적으로 주가가 흔들릴 수도 있다. 하지만 스스로 판단했을 때 기업에 문제가 없다면, 수급은 투자 포인트의 주요 요인이 아니다. 그렇게 생각했다면 아직 기업분석이 덜 되어 있다고 볼 수 있다. 수급에 개의치 말고 기업의 가치를 조금 더 집중 있게 보는 연습이 필요하다.

넷째, 주가 위치를 다시 한번 확인한다. 종목을 선정하는 10단계를 모두 거친 후 적절하다고 판단한 종목의 주가 위치가 바닥이라면 더 좋은 상황이다. 그리고 바닥에서 조금 올라왔다면 주가가 조정받을 때를 매수 타이밍으로 설정해보자. 절대로 급하게 '달리는 말에 올라타지 마라!'

기업의 모든 상황을 점검했으니 이제는 전략을 세우는 단계이다. '앞으로 어떻게 투자하겠다'라는 투자 계획서다. 이 투자 계획서가 의미 있는 이유는 투자를 진행할 때 가이드가 되어줄 수 있기 때문이다. 투자를 하다가 내가 원한 방향대로 움직이지 않는 경우가 종종 있다. 그러면 처음에 세웠던 계획서를 보면서 주관적으로 행동하지 않고, 이성적으로 결정할 수 있다. 그러므로 각 일정의 포인트에 맞춰 투자 계획서를 점검해놓자.

포트폴리오
실전 운용 노하우

지금까지 투자할 기업을 선별하는 과정과 방법을 이야기했다면, 이제는 포트폴리오를 운용하는 방법에 대해 살펴보자. 최근 3년간 매매를 하면서 직접 만든 포트폴리오 엑셀 양식인데, 필자가 원하는 부분이 모두 반영되어 있다. 포트폴리오 양식을 2~3주 단위로 업데이트하면서 현재 시점의 투자 기업 상황과 투자지표를 객관적으로 확인할 수 있다.

필자는 보통 5~10개 사이의 기업에 투자한다. 이 정도의 종목 수면 투자에 부담이 없는 범위다. 투자 기업의 수가 10개 이상이면, 여러 기업을 동시에 추적 관찰해야 하므로 매매에 혼란이 올 때가 많았다. 그래서 5~10개의 기업을 집중적으로 추적 관찰하여 투자한다. 투자 비중은 처음부터 많이 담지 않는다. 분할매수로 진행하고, 최대한 평균단가를 낮추는 전략을 취하고 있다. 5%의 비중으로 2~3번 끊어서 매수할 때가 많다. 또한 조금 더 확실하다면 10%의 비중으로 2번 끊어서 20%의 비중을 채우기도 한다. 분할매수는 주가가 내렸을 때 더 저렴하게 매수함으로써 평균단가를 낮출 수 있다는 장점이 있다. 만약 초기 5%의 비중으로 매수했는데, 주

포트폴리오 현황 및 투자지표 분석

▶ 결산시점 기준, 보유 중인 포트폴리오 기업의 지표만 기재되었습니다.　　　　※ 결산시점: 2019년 6월 24일 기준
▶ 매도한 기업은 표기되지 않습니다.

기업명	비중	수익률	매수시기	평단가	현재가	목표가	저평가	성장성	트렌드	모멘텀
컴투스	40%				104700	150000	S	A	B	버디크러시+서머MMO
원익QNC	10%				11200	18000	A	B	B	모멘티브 인수 효과
신성엘타테크	15%				3820	5500	A	S	S	2차전지 수혜
나스미디어	15%				38000	55000	A	A	A	모바일 광고 확대
상신이디피	10%				10650	14000	B	A	S	2차전지 확대
비에이치	5%				18750	22000	A	A	A	갤럭시폴드 수혜주
하나머티리얼즈	5%				14800	20000	S	A	B	반도체 저평가 기업
현금	0%		기업 후보군: 메디아나, 코스모화학							

투자지표 분석

기업명	비중	시가총액	산업	배당률	실적(19년, 예상, 지배순)			투자지표(19년)			투자지표(20년)		
					매출(억)	영익(억)	당순(억)	PER	PBR	ROE	PER	PBR	ROE
컴투스	40%	13484	게임	1.03%	5000	1600	1500	9.0	2.3	21			
원익QNC	10%	2944	반도체	0.00%	2800	400	350	8.4	1.5	6			
신성엘타테크	15%	990	전장	1.50%	5000	180	130	7.6	0.6	12			
나스미디어	15%	3409	광고	1.00%	1350	300	240	14.2	3.0	22			
상신이디피	10%	1380	2차전지	0.50%	2000	150	100	13.8	2.0	20			
비에이치	5%	6111	IT부품	0.00%	7941	916	794	7.7	2.0	33			
하나머티리얼즈	5%	2287	반도체	2.00%	1938	520	394	5.8	1.9	28			
현금	0%			Copyright© 2019 AimHighPartners All rights reserved.									

에임하이파트너스 포트폴리오 자료로 나만의 포트폴리오를 등급, 투자지표, 예상 실적 등을 만들어내면 한눈에 보기 쉽고, 주 단위로 수정하면서 기입의 저평가 여부 및 투자 매력도를 확인할 수 있다.

가가 확 상승한다면 그대로 5%의 비중만 가져간다.

　매수 시기는 최초 시점이다. 투자를 하다 보면 간혹 투자 기간이 길어질 때도 있다. 이럴 경우 투자 전략을 더 냉정하게 바라봐야 한다. 투자가 길어질 때마다 기업분석을 다시 해보고, 투자 포인트를 점검해봐야 한다. 믿고 기다린다면 수익으로 마무리할 수 있는지를 냉정하게 살펴봐야 한다.

　평균단가와 수익률은 HTS, MTS에 내 계좌를 조회해보면 정확히 나와 있다. 기재된 수익률을 그대로 옮겨 적으면 되고, 아니면 '(현재가 − 평균단가)/평균단가' 계산법을 활용해서 수익률을 구해도 좋다.

목표가는 기업분석 결과를 적용하면 된다. 물론 목표가는 기업의 실적과 주가 변화에 따라 수정될 수 있다. 다만, 항상 객관적인 수치를 바탕으로 목표가를 산정하는 것이 좋다.

저평가, 성장성, 트렌드, 모멘텀은 등급으로 분류했다. 등급을 통해 현재 기업의 매력도를 점검할 수 있기 때문이다. 항목별로 S, A, B, C 등급 순으로 설정했다. 저평가 S등급은 업종 대비 가장 저평가되어 있고, PER과 PBR 밴드 위치가 최하단에 머무는 경우이다. C등급은 고평가되어 있고, 밴드 위치가 최상단에 머무는 경우이다. 성장성 S등급은 연간 20% 이상 성장한 기업을 뜻하며, A등급은 10%, B등급은 0%, C등급은 역성장을 의미한다.

트렌드 부분은 업황 분위기를 뜻한다. 향후 업황이 3년 이상 지속적인 성장이 가능하다고 판단했을 때는 S등급, 1년 이상은 A등급, 성장 자체가 제로라면 B등급, 역성장할 것으로 보이면 C등급을 정한다. 마지막으로 모멘텀 부분은 향후 기업이 강력하게 주가 상승을 견인할 만한 재료를 써주면 된다. 이 부분은 투자 포인트의 일부이다.

시가총액에는 현재 시가총액을 적어주면 된다. 주가가 변동할 때마다 시가총액은 변하므로 업데이트를 진행할 때 시가총액도 수정해주자.

산업은 해당 기업의 업종을 의미한다. 한 기업의 산업군이 사업부별로 다양하다면, 가장 매출액이 큰 사업부의 업황을 적어두자.

배당률은 시가배당률을 의미한다.

2019년 예상 실적은 지금까지 분석한 대로 적어주면 된다. 그리고 과거를 적는 것보다는 향후 미래 실적을 기재하는 것이 좋다. 또한 2019년 하반기로 넘어가면 2020년 실적도 중요해지기 때문에 2020년 예상 실적까지 추정해서 넣어보자.

숫자가 구해졌다면 투자지표를 하나씩 표에 넣어보자. PER, PBR, ROE 도 마찬가지로 분석한 대로 작성하면 된다.

이렇게 전체적인 포트폴리오를 완성해보면 투자 기업과 현황을 한눈에 파악하기 쉬워진다. 이 포트폴리오는 2~3주 간격으로 주기적으로 업데이트하면서 투자 기업에 대해서 피드백을 해볼 수 있다. 만약 업데이트를 진행하면서 객관적인 지표가 좋지 않다면 매도할지 고민해봐야 한다.

매도 후, 투자가 종료된 기업들은 반드시 투자노트를 쓰자. 매수부터 매도 시점까지의 매매 과정을 되짚어볼 수 있고, 혹시 매매 과정에서 실수했다면 다음 투자에서 실수하지 않는 데 큰 도움이 될 수 있다.

포트폴리오 운영 노하우

이제 실전으로 돌아와 증권사 HTS와 MTS상에서 실제 투자 기업과 관심 기업을 정리하는 법을 살펴보자. 이렇게 정리하는 법을 알아두면 포트폴리오 종목을 선정할 때 파악하기가 쉽고, 시간이 단축된다. 다음 예시처럼 많은 기업을 채워나가기 위해서는 투자자 스스로 많은 기업을 공부해야 한다. 서두를 필요 없다. 투자하면서 자연스럽게 기업을 접하는 기회가 많아지면서 하나하나씩 빈 곳을 채울 수 있다. 필자는 크게 실전 투자 기업, 예비 후보 순위별 기업, 주가가 바닥인 기업, 좋게 보는 업황의 기업으로 꾸려봤다. 자신의 투자 전략으로 HTS와 MTS를 활용하면 된다.

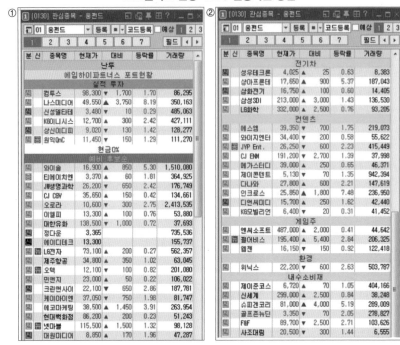

자료: 키움증권 HTS

① 실제 투자하는 기업을 맨 상단에 배치하고, 그 아래 예비 후보란을 두면 훨씬 더 기업을 선택하는 데 도움이 된다. 특히 예비 후보란에는 선호하는 기업 순으로 배치하고, 언제든지 기회가 오면 포트폴리오에 편입할 수 있게 한다. 지속적인 기업분석을 해야 한다.

② HTS 예비 후보군 아래에는 내가 원하는 섹터와 업황을 배치해서 지속적으로 관심을 가질 예비 후보 기업을 선정한다. 선호하는 섹터를 등록해서, 기업을 선정하는 절차다.

실전 투자에는 실제 운용하고 있는 포트폴리오를 등록했다. 비중이 높은 순으로 등록했으며, 하루에 두 번, 주식시장이 열리는 시점과 마감하는 시점에 살펴본다. 이렇게 시점을 정해두는 이유는 매매하지 않을 때는 주가 흐름을 보지 않기 위해서다. 자꾸 주가의 상승과 하락 상황을 확인하면 불

필요한 감정 소모를 하게 된다. 보유한 주식이 상승할 때는 팔고 싶고, 주가가 하락할 때는 기분도 안 좋아지고, 스트레스를 받게 된다.

예비 후보에는 간단히 기업분석을 해본 후 좋은 기업을 등록한다. 이때 한 달에 1~2개의 투자하기에 좋은 기업을 선정해서 종목 선정하는 10단계에 맞춰 기업분석을 진행한다. 예비 후보는 관심 있는 기업 순서대로 정리하는데, 순서는 주기적으로 변할 수 있다. 기업분석을 해본 후 투자하기에 적합하지 않다고 생각하면 순서를 뒤로 보내고, 괜찮으면 1순위에 올리기도 한다. 순서 우위대로 배열해놓으면 상위 관심 기업 위주로 신경을 쓸 수 있기 때문에 간편하게 포트폴리오를 관리할 수 있다.

주가 바닥 기업군에는 필자의 투자 철학이 담겨 있다. 주가가 바닥에 있는 기업을 좋아하다 보니 따로 항목을 만들어놓고 추적 관찰하고 있다. 대부분 최근에 주가가 많이 내린 기업들이나 신저가를 기록한 기업들이 해당한다. 이 그룹의 기업들은 철저하게 분석해서 실전 투자 포트폴리오에 바로 넣거나 예비 후보 1순위로 올릴 가능성이 크다. 필자는 투자할 때 최우선으로 '주가가 바닥인지'를 고려한다. 즉 회사가 아무리 좋더라도 주가가 상단에 있으면 투자를 고려하지 않는다. 그 주식은 제 가치를 받고 있기 때문에 상단에 있는 것이다.

현재 주가가 바닥에 있지만, 향후 제 가치로 돌아갈 수 있는 기업을 먼저 선정하여 투자한다. 이 투자 방식이 가장 안전마진이 높고, 수익도 안정적으로 가져갈 수 있다고 생각한다. 필자가 가장 중요하게 생각하는 항목이 바로 주가 바닥 공간이며, 항상 예의주시하면서 주가 흐름을 지켜본다.

다음으로 업황 섹터의 기업들을 등록한다. 그중에서도 좋게 생각하는 기업, 업종별로 대표적인 기업을 등록하며, 주기적으로 주가 흐름과 기업 상황을 보고 예비 후보에 올리기도 한다. 필자가 좋게 보는 업황은 1년에 1~2번 정도 바꾼다. 트렌드 흐름에 맞게 변화를 주는데, 이렇게 정리해두면 기업을 선정할 때 시간이 단축된다. 업황을 많이 설정한다고 좋은 건 아니다. 자신이 관찰할 수 있는 범위 내로 지정하면 좋다. 필자는 5~7개의 업황군을 설정하여 포트폴리오를 관리하고 있다.

추가매수와 손절매하는 시점

주가의 하락세가 지속하면 어떻게 대응할지 모를 때가 많다. 주가가 하락하고 있다면 그 이유를 찾아봐야 하는데, 그저 주가가 내려가서 손실이 나고 있다고 하소연만 한다. 주식투자를 하다 보면 투자 기업의 주가가 내릴 수도 있고, 신저가를 기록할 수도 있다. 주가가 내릴 때에는 주가가 왜 내리는지 그 원인을 확인해야 한다. 그리고 그 이유가 회사에 얼마나 피해를 주고, 실적에 영향을 주는지 꼼꼼히 따져봐야 한다.

그 이슈가 단발성으로 끝날 것으로 보이는가? 아니면 장기적으로 끌고 가면서 실적 악화로 이어질 것 같은가?

단발성 이슈라면 추가매수해야 할 시점이다. 예를 들어 공장에 불이 났거나, 환율 손실이 났거나, 법원 패소가 나서 벌금을 물어야 하거나, 정기 세무조사로 세금이 일시적으로 많이 나갔을 때 등이다. 일회성 비용이 발생한 경우라면 주가가 하락할 때는 추가매수를 해도 좋다. 단, 기업을 분석했을 때 확실하다는 판단이 들 경우이다. 보통 이런 이슈를 접하는 투자자들은 실적이 안 좋다는 이유로 단기적으로 대응해 매도한다. 그러면 주가 하락이 시작되는데, 이때 조금 과하게 빠진다면 추가매수로 대응하면 좋다. 필자는 보통 매수했던 가격보다 10% 이상 빠질 때마다 추가매수를 진행한다. 지금까지 비중이 높았던 기업들을 보면 대부분 추가매수로 대응했던 기업들이다. 거의 85%의 성공 확률로 마무리를 지을 수 있었다. 수익률도 꽤 좋았다. 평균적으로 15~60% 수익률을 안겨주었다. 추가매수 전략을 취했음에도 실패했던 기업들은 정부정책이 더 강하게 들어오면서 실적 우려감이 발생한 신세계건설(종목코드 034300), 국정감사로 주요 매출이 규제 대상이 되었던 아프리카TV 등이다.

장기적 이슈라면 손절매를 고려해봐야 한다. 생각보다 투자 기간이 길어질 수 있기 때문에 소중한 시간과 기회비용을 날릴 수 있다. 앞으로 1~2년간 악재 이슈 때문에 실적 성장이 어렵다고 느껴진다면 손절매를 고민해보고, 다른 기업을 물색하는 편이 좋다. 예를 들어 진입장벽이 낮은 시장에서 경쟁업체가 들어와 경쟁이 심화한다면 이익률 하락으로 이어질 수 있다. 여기에 추가로 경쟁업체가 더 들어오면 레드오션 시장이 되는 것이고, 본격적으로 치킨게임*이 시작될 수 있다. 이런 경우에는 대부분 이익이 좋아지는 경우가 없고, 결국 경쟁에서 살아남는 업체가 시장점유율이 높아지면서 이익을 크게 가져가는 경우가 많다.

치킨게임
어느 한쪽이 양보하지 않을 경우 양쪽이 모두 파국으로 치닫게 되는 극단적인 게임 이론

내가 투자하는 기업이 이런 상황에 놓인다면, 주가가 회복되기까지 1~3년 이상의 시간이 걸리기 때문에 투자 기간도 많이 길어질 수 있다. 그리고 살아남는다는 보장도 없기 때문에 일단 피하고 보는 게 좋다. 따라서 애초에 기업을 분석할 때도 이익을 계속 유지할 수 있는 사업 조건인지 꼼꼼히 따져봐야 한다.

손절매는 가격과 차트를 보고 결정하는 게 아니라 회사가 지속해서 이익을 취하는 것이 힘들어질 때 하는 게 좋다. 물론 투자자마다 각자의 손절매 원칙과 계획이 있겠지만, 필자의 경험으로는 가격과 차트를 보고 손절매한 경우 얼마 지나지 않아 주가가 올라가고, 그 뒤로 주가가 급등하는 경우를 많이 봤다. 손절매는 쉽게 결정할 사항이 아니며, 종합적인 분석을 통해 심사숙고하여 결론을 내려야 한다. 향후 실적에 영향이 없다면 추가매수 기회로 삼고, 반대로 1년 이상 이익 성장이 어렵다면 손절매로 대응하는 것을 고려한다.

보유한 기업이 계속 오를 때

매수하고 나서 주가가 올라가기 시작하면 더 관심을 두고 지켜본다. 일단 기업을 분석한 방향대로 주가가 움직이고 있다면 주가 추이를 지켜본다. 주가가 오른다면 그 이유가 무엇인지 계속 점검해나간다. 가장 중요한 것은 실적 PER의 밸류를 지속적으로 확인하는 것이다. 주가가 오르면 시가총액이 오르고, 자연스럽게 수익성 PER의 밸류 지표도 올라가게 된다. 예를 들어 시가총액이 1,000억 원이고, 2019년 예상 지배 당기순이익이 100억 원이라고 해보자. 그런데 주가가 점점 올라서 시가총액이 1,300억이 되었다고 해보자. 매수했을 때는 PER의 밸류가 10배였는데, 주가가 오르고 시가총액이 올라서 PER의 밸류가 13배가 되었다. 여전히 실적 대비 주가가 싸다면 계속 가져가는 게 맞고, 주가가 적정한 평가를 받고 있다면 매도로 대응해야 한다.

주가가 올라갈 때 경계해야 할 부분은 바로 욕심이다. 필자의 경우에도 2018년 초 컴투스의 실적 저평가와 향후 신작 기대감을 보고 매수했다. 매수하고 나서 한 달 뒤 투자 포인트대로 주가는 올라가기 시작했고, 3개월 만에 최고점에 도달했다. 그때 수익률은 50%였다. 홀가분하게 수익을 정리하는 게 좋은 건지, 조금 더 욕심을 내볼 것인지 고민되었다. 애초에 목표 수익률 50%를 생각했었는데, 막상 목표 수익률에 도달하니 욕심이 났다. 사실 컴투스 가치에 충분히 도달했던 주가 수준인데, 결국 조금 더 지켜보는 쪽을 선택했다. 욕심이 화를 불러일으켰다. 신작 지연으로 주가는 하락하기 시작했고, 심지어 신작 게임의 흥행도 실패했다. 결국, 수익을 냈던 부분을 다시 반납해야 했다.

주가가 오른다면 계획했던 대로 실천하는 것이 가장 중요하다. 투자하다가 예상치 못한 변수가 생길 수 있지만, 생각했던 가격이나 목표했던 가격에 도달하면 정리해서 수익을 챙기는 게 좋다. 주가가 올랐음에도 불구하고 실적 대비 저평가라면 가져가는 전략을, 주가가 많이 상승해서 적정가격을 찾아갔다면 매도로 대응하는 게 좋다. 항상 실적과 투자지표 중심으로 풀어나가는 것이 좋다.

갑작스러운 호재와 악재를 만났을 때

주식투자를 하다 보면 투자한 기업이 갑자기 호재를 만나거나 악재를 만나는 경우가 있다. 뜻밖에 호재를 만나서 주가가 단기간에 20% 이상 크게 급등했다면 일단 매도하는 전략을 취한다.

대한항공 - 악재 뉴스를 보자마자 매도했던 투자 사례

자료: 네이버증권 차트

대한항공 총수 일가의 불찰 사건이 두 번째로 터졌다. 이 경우 기업 이미지가 크게 훼손되고, 회사 실적과 투자 심리에 악영향을 끼칠 확률이 높았다. 그래서 뉴스를 보고 바로 매도했던 사례이다.

특히 테마주에 묶여서 일시적으로 수급이 들어오거나, 호재 뉴스로 인해 갑자기 주가가 오른다면 매도하기 아주 좋은 기회다. 이런 경우에는 운이 좋았다고 생각하자. 다만, 호재가 실적으로 연결되지 않는다면 반짝 상승으로 끝나는 경우가 많다. 만약 실적으로 이어지는 호재라면 다시 실적을 추정해보고, 투자지표를 따져봐야 한다.

반대로 뜻밖에 악재를 만난다면 어떨까? 주가는 생각보다 빠르게 하락한다. 투자자들은 호재보다는 악재에 더 민감하게 작용한다. 이때는 악재가 실적에 어떤 영향을 주는지 딱 한 가지만 생각하면 된다. 앞서도 이야기했지만, 단발성인지 장기적인 이슈인지 따져봐야 한다. 단발성이라면 추가 매수 기회로 삼고, 장기적 실적 하락 이슈이면 과감하고 빠르게 대응하는 게 좋다. 그래야 손실을 최소화할 수 있다. 우물쭈물하는 시간에 주가는 더 빠르게 하락하고 있을 것이다.

　필자는 과거 대한항공을 투자한 적이 있었는데, 대한항공 총수 일가의 불찰 사건이 두 번째로 터졌다. 이 경우 기업 이미지가 크게 훼손되고, 회사 실적과 투자 심리에 악영향을 끼칠 확률이 높다. 그래서 그 기사와 내용을 보고 바로 매도를 결심했다. 10분 만에 내린 결정이었다. 이후 대한항공 주가는 계속 하락했다. 만약 과감하게 결정하지 못했다면 더 큰 손실을 보았을 것이다.

최근 8년간(2012~2019년) 연평균 수익률 20%를 달성하는 건 쉽지 않은 일이었다. 필자 또한 수많은 시행착오를 겪었고, 투자에 실패한 경우도 적지 않았다. 하지만 이 시장에서 버틸 수 있었던 가장 큰 이유는 기업의 실적과 비전을 보고 투자했기 때문이다. 단순히 기술적 분석에만 의존하고 투자

연도별 투자 성과

연도	수익률	시장평균	시장평균 대비 수익률
2014년	17.0%	1.9%	15.1%
2015년	60.0%	14.0%	46.0%
2016년	25.0%	−2.1%	27.1%
2017년	33.0%	24.1%	8.9%
2018년	0.3%	−16.3%	16.6%
2019년 6월	10.2%	3.3%	6.9%

자료: 에임하이파트너스

수익률을 기록할 때는 시장 수익률 대비 얼마나 잘했는지도 확인한다. 시장 수익률보다 항상 잘하자는 게 개인적인 목표이다. 지금까지는 운이 좋게 시장 대비 수익률이 좋았다.

수익을 이끌었던 연도별 주요 기업	
2014년	엔씨소프트, 제일테크노스
2015년	파티게임즈, 에스에이엠티
2016년	이엔에프테크놀로지, 제이에스티나
2017년	SK하이닉스
2018년	티웨이홀딩스, 오텍
2019년	LG전자, 신성델타테크

손실로 마무리했던 연도별 주요 기업	
2014년	에프에스티, 피제이전자
2015년	KG모빌리언스, 게임빌, 엠게임
2016년	신세계건설, 에스에이엠티
2017년	아프리카TV
2018년	컴투스, 나스미디어
2019년	이엘피, 원익QNC

했다면 이미 주식시장에서 아웃됐을 것이다.

매년 투자를 진행하다 보면 실패하는 기업이 나온다. 실패하는 기업을 어떻게 마무리하느냐에 따라서 그해 수익률이 달라진다. 최대한 감정을 배제하고 냉정하게 대응한다면 손실을 최소화할 수 있다. 그리고 반드시 피드백을 해야 한다. 피드백을 통해서 한층 더 성장할 수 있고, 이런 경험 데이터가 누적되면 나만의 투자 원칙을 가질 수 있다.

시장이 하락한다고, 주가가 하락한다고 걱정하지 말자. 스스로 분석한 대로, 계획한 대로 대응하면 된다. 그리고 기업을 더 분석하고 공부해나가면서 감정을 다스려야 한다. 손실이 크다고 손을 놓고 있으면 안 된다. 낙심하고 투자 기업을 방치하다 보면 손실이 더 커질 수도 있다. 반대로 한번 수익이 잘 나왔다고 자만해서도 안 된다. 항상 겸손하게 공부하고, 기업 분석에 집중하자. 그리고 나만의 투자노트를 반드시 작성해나가자.

 투자노트

제일테크노스

종목명	제일테크노스(종목 코드 038010)		PER(배)	PBR(배)	ROE(%)
시가총액	342억 원	2014	5	0.5	7
주가	3,800원	2015(E)	4	0.4	9

매수가	4,050원
목표주가	4,500원
투자기간	2014년 하반기~2015년 상반기
투자비중	50%
투자의견	기존 건설사들이 비용원가를 줄이기 위해서 데크플레이트 수요가 점차 늘어나는 시점이었다. 제일테크노스는 데크플레이트가 주력이고, 시장점유율 2위 기업이다. 하지만 시가총액은 상장회사 4개 기업 중에서 가장 낮았다. 그래서 저평가 매력이 있고, 향후 점차 성장할 것으로 예측했다. 2015년에도 성장의 해로 이어진다면 주가 흐름도 좋을 것으로 봤다.

투자 포인트

1. 2015년 당사 매출 1,600억 원 목표
2. 2015년 조선업 비용 감소로 인한 턴어라운드
3. 2015년 2월 25일 액면분할 실시(유동성 확보)
4. 경쟁업체 대비 저평가 요소(시장점유율 2위, 시가총액은 가장 낮음)
5. 부채비율 지속적인 감소(자사주 매각으로 부채 상환)
6. 부동산3법 통과, 민간주택 납품 가능성
7. 블록딜 출하물량 소화

투자 리스크	투자등급
1. 건설 업황의 침체 2. 조선업 업황의 침체 3. 데크플레이트 경쟁 심화 4. 대주주 물량 장내 매도(5만 주)	업황: ★★★☆☆(12점) 실적: ★★★★☆(18점) 성장: ★★★★☆(16점) 사업: ★★★★☆(16점) 기술: ★★★★☆(16점)

저평가주 투자는 끝이 좋아야 한다: 제일테크노스

제일테크노스는 데크플레이트를 만드는 업체이다. 건축물의 바닥 슬라브 구성 시 콘크리트 타설을 위한 금속 조립 구조제로써 과거 합판 거푸집을 대체하며 건설 공법 패러다임을 바꾼 필수 건자재다. 건축 현장에서 철근 작업을 일부 생략하기 때문에 기존의 합판 거푸집 방식보다 공사 기간과 공사비가 각각 40%, 10%로 절감되는 장점이 있다. 그래서 거푸집 방식을 대체하면서 조금씩 시장점유율을 높여나가는 추세였다. 비즈니스 모델 자체는 좋았고, 앞으로 성장 가능성은 충분해 보였다.

데크플레이트 경쟁업체들은 대표적으로 원하이텍, 동아에스텍, 덕신하우징이 있다. 필자가 제일테크노스를 선택한 이유는 다른 기업들보다 PER의 밸류가 가장 낮았기 때문이다. 4개 업체 중에서도 시장점유율은 두 번째였는데 시가총액은 가장 적었다. 그래서 시간이 흐르면 가치를 제대로

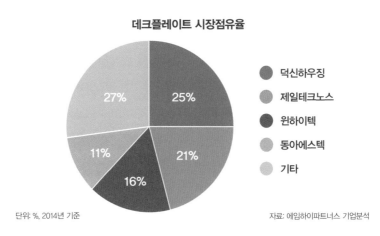

데크플레이트 시장점유율

● 덕신하우징
● 제일테크노스
● 원하이텍
● 동아에스텍
● 기타

27%　25%
11%　21%
16%

단위: %, 2014년 기준　　　　　　　　　자료: 에임하이파트너스 기업분석

현재 회사의 경쟁 위치와 능력을 파악하기 위해서는 시장점유율 파악이 정말 중요하다.

데크플레이트 경쟁업체 비교분석 및 간단 재무제표

2014년 3분기 실적까지만 반영

(단위: 원)

	제일테크노스	원하이텍	동아에스텍	덕신하우징
시가총액	385억	595억	554억	757억
매출	1,067억(데크536억)	413억	741억	646억
영업이익	81억	60억	44억	74억
영업이익률	7.60%	14.50%	5.90%	11.40%
순이익	38억	49억	32억	50억
EPS	4,220	742	251	625
PER	10.13배	12.15배	17.35배	15.12배
BPS	63,636	5,300	6,000	7,200
PBR	0.67배	1.78배	0.73배	1.31배
ROE	8.82%	20.7%	4.34%	12.7%

자료: 에임하이파트너스

다른 경쟁업체보다 가장 우위에 있다면 빨간색으로 따로 표시했다. 빨간색이 많다는 것은 경쟁업체 대비 지표가 상대적으로 좋다는 뜻이다. 제일테크노스는 상대적으로 지표 우위에 있었다.

주요재무정보	최근 연간 실적				최근 분기 실적					
	2011.12	2012.12	2013.12	2014.12 (E)	2013.09	2013.12	2014.03	2014.06	2014.09	2014.12 (E)
	IFRS 연결	IFRS 연결	IFRS 연결	IFRS 연결	IFRS 연결	IFRS 연결	IFRS 연결	IFRS 연결	IFRS 연결	IFRS 연결
매출액(억원)	1,224	1,378	1,358	1,453	340	363	356	368	343	
영업이익(억원)	38	50	37	109	13	7	17	37	27	
당기순이익(억원)	23	20	46	52	9	31	4	17	17	
영업이익률(%)	3.08	3.60	2.72	7.50	3.86	1.88	4.84	10.00	7.84	
순이익률(%)	1.86	1.48	3.38	3.58	2.51	8.46	1.04	4.58	5.10	
ROE(%)		6.19	12.72	12.72	2.45	8.36	0.96	4.27	3.59	
부채비율(%)	196.40	202.83	218.51		241.69	218.51	222.04	206.11	144.79	
당좌비율(%)	48.86	55.25	53.46		47.60	53.46	57.90	62.41	57.44	
유보율(%)	656.25	695.84	796.86		727.87	796.86	803.47	840.90	879.16	
EPS(원)	2,531	2,270	5,097	5,778	948	3,416	410	1,872	1,943	
BPS(원)	44,807	47,152	53,428	48,222	49,151	53,428	53,868	56,043	70,939	
주당배당금(원)	200	100	100	100						
시가배당율(%)	1.49	0.72	0.54							
배당성향(%)	6.30	3.51	1.56							

자료: 네이버증권

평가받을 것으로 보고 공격적으로 투자했다.

액면분할
납입자본금의 증감 없이 기
존 주식의 액면가격을 일정
비율로 분할하여 발행주식의
총수를 늘리는 것

2014년 실적이 확 좋아지는 시점이었다. 2013년 대비 영업이익이 194% 성장이 예측됐다. 이것이 가장 큰 투자 포인트였고, 부채비율도 실적이 좋아지면서 점점 감소하는 추세였다. 2014년 3분기 145%까지 축소했다.

투자 기간은 약 6개월 정도였는데, 매수부터 쉽지 않았다. 저렴하게 샀다고 생각했는데 주가는 계속 하락했다. 분할매수를 4번 진행했고, 비중을 50%까지 채웠다. 생각했던 것보다 많이 담아서 우려감도 있었다. 투자하는 과정에서 운이 좋게 액면분할*이라는 호재도 나왔다.

그때부터 주식이 재평가받기 시작했다. 액면분할했던 기업들의 전례를 보면 대부분 액면분할 전까지 주가 흐름이 좋았고, 액면분할 이후에도 주가

제일테크노스 – 분할매수와 기다림으로 좋은 결실을 맺었던 투자 사례

자료: 네이버증권 차트

투자한 기업이 좋다고 생각하는데 계속적으로 주가가 빠지면 추가매수를 진행한다. 제일테크노스도 4차례 분할매수 및 추가매수를 진행했고, 결국 기다림을 끝에 수익을 내고 매도할 수 있었다.

제일테크노스 액면분할 결정 – 주식 거래량과 유동성을 높이기 위해 진행

주식분할 결정

구분			분할전	분할후
1. 주식분할 내용	1주당 가액 (원)		5,000	500
	발행주식총수	보통주식(주)	900,000	9,000,000
		종류주식(주)	-	-
2. 주식분할 일정	주주총회예정일		2015-01-05	
	구주권제출기간	시작일	2015-01-06	
		종료일	2015-02-06	
	매매거래정지예정기간		2015년02월05일 ~ 변경상장일 전일	
	명의개서정지기간		2015년02월09일 ~ 신주권교부일 전일	
	신주권교부예정일		2015-02-23	
	신주권상장예정일		2015-02-24	
3. 주식분할목적			유통 주식수 확대를 통한 주식거래 활성화	
4. 이사회결의일			2014-11-19	

자료: 제일테크노스 공시 자료

회사가 주식 거래량을 늘리고, 주가를 부양하기 위해서 하는 방법으로 액면분할이 있다. 제일테크노스도 액면분할을 결정했고, 주가도 기대감으로 올랐다.

흐름이 좋았다. 그래서 액면분할 이후까지 끌고 가는 계획을 세웠다.

주가는 계획했던 대로 움직였고, 액면분할 정지 전까지 주가는 상승했다. 거래 정지가 되고 한 달을 기다렸다. 거래 정지가 풀리고 액면분할이 되면 주가가 한 번 더 상승할 거라고 생각했다. 하지만 주가는 생각과 다르게 움직였다. 액면분할이 되고 거래가 시작되자마자 투자자들이 대량으로 팔기 시작했다. 필자는 애초에 계획이 있었기 때문에 주가가 상승하기만을 기다리고 있었다. 결국 주가는 내리막을 걷기 시작했고, 필자 또한 수익률을 일부 반납하고 매도했다. 수익으로 마무리했지만 조금 아쉬운 매매였다. 최고 40%까지 수익이 났던 상황인데, 18.5%의 수익으로 마무리하니 허전한 느낌이 들었다. 역시 가장 큰 문제는 욕심이었다.

투자 결과

매도가

 4,750원

수익

 18.5%

매도한 이유

1. 액면분할 호재 재료 소멸

2. 업황 저성장

3. 주가 상승에 따른 저평가 해소

반성할 점

1. 목표주가에 도달했으면 욕심 부리지 말자.

2. 비중을 계획했던 것보다 더 많이 담았다(30 → 50%)

3. 기대와 다르게 움직이면 빠르게 생각하고 행동하자.

에스에이엠티

종목명	에스에이엠티(종목코드 031330)		PER(배)	PBR(배)	ROE(%)
시가총액	1,100억 원	2014	3	0.8	10
주가	1,400원	2015(E)	2.5	0.7	12

매수가	1,400원
목표주가	1,800원
투자기간	2015년 상반기
투자비중	30%
투자의견	은행 채권단이 합의점을 찾지 못해서 장내 매도 물량이 대거 쏟아져 나왔다. 일시적인 수급으로 주가가 크게 빠져서 최고의 기회라고 생각했다. 물론 1분기 회사 실적도 좋았다. 실적도 좋은데, 주가도 저점에 담을 수 있어서 좋은 기회라고 생각했다. 중국으로 나가는 삼성전자 물량을 유통해주고 있는데, 비즈니스 모델로는 매력이 크지는 않지만 삼성 그룹 물량 때문에 안정적인 비즈니스 모델을 가지고 있다.

투자 포인트

1. 은행 채권단 보호예수 물량 시장 출회, 저점 매수 공략
2. 실적 기대감으로 저평가 구간
3. 중국 스마트폰 수요 증가
4. 1분기 서프라이즈 실적, 2분기도 호실적 기대감

투자 리스크	투자등급
1. 비즈니스 모델 자체가 높은 이익률을 가져가기 힘든 구조 2. 수급 불안정(대주주 매도)	업황: ★★★★☆(16점) 실적: ★★★★★(20점) 성장: ★★★★☆(18점) 사업: ★★★★☆(18점) 기술: ★★★★☆(18점)

수급 이슈에는 항상 기회가 숨어 있다: 에스에이엠티

에스에이엠티는 삼성전자의 반도체, 휴대폰 부품을 유통
하는 업체이다. 주로 중국으로 나가는 삼성전자, LG이노
텍 부품을 중국 세트업체에게 유통해주는 사업 비즈니스
모델이다. 사실 비즈니스 모델 자체로는 큰 매력이 없었
다. 가장 큰 투자 포인트는 은행 채권단 보호예수* 물량

보호예수

증권회사나 금융기관이 투자
자의 유가 증권을 유료로 보
관하는 것을 뜻하는 말로, 이
기간에 투자자는 단 1주도 매
각할 수 없다.

에스에이엠티 – 2015년 1분기 서프라이즈 실적

연결 손익계산서

제 26 기 1분기 2015.01.01 부터 2015.03.31 까지
제 25 기 1분기 2014.01.01 부터 2014.03.31 까지
제 25 기 2014.01.01 부터 2014.12.31 까지
제 24 기 2013.01.01 부터 2013.12.31 까지

	제 26 기 1분기		제 25 기 1분기	
	3개월	누적	3개월	누적
매출액	255,257,695,918	255,257,695,918	262,880,669,553	202,880,669,553
매출원가	241,466,195,122	241,466,195,122	249,562,096,496	249,562,096,496
매출총이익	13,791,500,796	13,791,500,796	13,318,573,057	13,318,573,057
판매비와관리비	3,997,556,671	3,997,556,671	6,707,866,812	6,707,866,812
영업이익(손실)	9,793,944,125	9,793,944,125	6,610,706,245	6,610,706,245
기타수익	3,326,477,579	3,326,477,579	2,919,537,249	2,919,537,249
기타비용	3,367,106,032	3,367,106,032	2,629,942,766	2,629,942,766
금융수익	12,558,758	12,558,758	14,977,574	14,977,574
금융비용	1,620,188,331	1,620,188,331	1,468,720,700	1,468,720,700
지분법이익	1,992,869,166	1,992,869,166	818,990,270	818,990,270
법인세비용차감전순이익(손실)	10,138,555,265	10,138,555,265	6,265,547,872	6,265,547,872
법인세비용	2,398,138,408	2,398,138,408	425,238,947	425,238,947
계속영업당기순이익(손실)	7,740,416,857	7,740,416,857	5,840,308,925	5,840,308,925
중단영업당기순이익(손실)	496,033,003	496,033,003	1,096,059,736	1,096,059,736
당기순이익(손실)	8,236,449,860	8,236,449,860	6,936,368,661	6,936,368,661
당기순이익(손실)의 귀속				
지배기업의 소유주				
계속영업	7,740,416,857	7,740,416,857	5,840,308,925	5,840,308,925
중단영업	496,033,003	496,033,003	1,096,059,736	1,096,059,736
지배기업의 소유주에 귀속될 당기순이익(손실)	8,236,449,860	8,236,449,860	6,936,368,661	6,936,368,661
비지배지분				

자료: 에스에이엠티 분기보고서(2015년 1분기)

1분기 서프라이즈 실적이 나오면서 주가가 크게 올랐다. 2014년 대비 영업이익이 약 50% 성장했다.

이었다. 그런데 모회사 삼지전자와 협의 중에 조건이 맞지 않아서 2,000만 주 물량이 시장에 한 번에 나오게 되었고, 주가가 크게 하락했다. 단지 수급적인 이유로 주가는 단기간에 50%로 하락했다.

나는 재빠르게 기업을 분석하기 시작했고, 얼마만큼 수익이 가능한지 따져보기 시작했다. 실적도 확실히 안정적이어서 빠진 만큼 다시 올라올 수 있다고 내다봤다. 고민하던 찰나에 1분기 실적을 발표했다. 실적은 전년 대비 영업이익이 48% 성장했는데, 서프라이즈 실적이었다.

투자 당시 IR 탐방 내용

1. 2015년 1분기 실적 영업이익 100억 원, 순이익 80억 원 기록. 원래 이만큼 했었고, 2014년에 못한 이유는 팬택이 매각되면서 매출채권 물량을 비용 처리했기 때문이다.
3. **투자 포인트!** 2분기도 1분기와 비슷하게 실적이 나올 수 있다(갤럭시 판매가 더 잘 된다면 더 좋다).
4. 메모리 반도체 유통과 카메라 모듈 유통도 하고 있다. 다양하게 사업을 다각화하고 있다.
5. **투자 포인트!** 자회사 중에 중국 쪽 투탑 성장성이 매년 30%씩 성장하고 있다.
6. 올해 실적 기준으로는 PER 3~4배, 타깃 PER 8배 정도이다.
7. 현재 주가 빠진 건 채권단 때문이다. 채권단이 보호예수가 풀리면서 2,000만 주를 시장에 내놓고 있기 때문이다. 채권단이 매도한 이유는 삼지전자와 협의 중에 조건이 맞지 않아서 매도하기로 결정한 것으로 보인다. 보호예수가 풀리자마자 하한가 3번을 갔고, 현재는 바닥에서 다시 올라오는 중, 실적 부각.
10. 실적대로라면 2,000원 위에서 놀고 있어야 하는데, 현재 수급에 대한 부분이 가장 크다.
11. 기회를 잘 살린다면 저가 매수 구간이 될 수 있는 구간!
12. 2015년 매출은 9,000억~1조 원 유지, 영업이익 300억~350억 원 유지, 순이익 250억~300억 원 예상된다.

IT유통 경쟁업체 비교분석(2015년 예상 실적)

(단위: 원)

	에스에이엠티	유니퀘스트	매커스
시가총액	1260억	1497억	485억
매출	9000억	3000억	735억
영업이익	300억	100억	70억
영업이익률	3.00%	3.33%	9.50%
순이익	330억	80억	50억
EPS	366	293	310
PER	3.8배	5.1배	9.67배
BPS	1,500	6,600	2,700
PBR	0.93배	0.83배	0.9배
ROE	30%	5.5%	15.4%

자료: 에임하이파트너스 기업분석 자료

에스에이엠티는 경쟁업체 대비 저평가 지표가 상대적으로 높았다. 또한 ROE 지표도 좋아서 효율성 측면에서도 긍정적이었다.

에스에이엠티 – 일시적 수급 불안정으로 저가에 매수할 수 있었던 투자 사례

자료: 네이버증권 차트

수급적인 이슈로 과도하게 주가가 빠졌고, 덕분에 저점에 매수할 수 있었다. 향후 정상 가격에 다시 매도할 수 있었다.

주가는 상한가로 직행했다. 실적도 잘 나온 상황이라 안 살 이유가 없었다. 그리고 2015년 실적을 추정해보니 PER의 밸류도 4배 구간이었다. 그래서 바닥에서 올라오는 기업을 공격적으로 매수했다. 그 뒤로 기업탐방, 주식담당자와 통화, 기사와 뉴스 등 다양한 방법으로 추적 관찰했다.

주가는 생각보다 빠르게 움직였고, 필자는 단기간에 오르는 게 부담스러워서 결국 1,400원에 매수해서 1,800원에 매도했다. 단기간에 28.6%의 수익률을 달성한 것이다. 성공 요인은 발 빠르게 대응하고 결정했기 때문이었다. 그렇지 않았으면 그저 주가가 올라가는 것만 쳐다보고 있었을 것이다. 저점 매수 전략을 잘 취해서 좋은 결과를 냈던 투자였다.

투자 결과

매도가

1,800원

수익

28.6%

매도한 이유

1. 단기 목표주가 달성
2. 포트폴리오 매매 교체

성공 요인

1. 정보를 듣고 발 빠르게 분석하고 매수했다.
2. 수급적인 이슈를 잘 활용해서 매수했다.
3. 욕심 부리지 않고, 좋은 수익에 마무리했다.

신세계인터내셔날

종목명	신세계인터내셔날(종목 코드 031430)		PER(배)	PBR(배)	ROE(%)
시가총액	4,263억 원	2016	24.4	0.89	4.2
주가	5만 9,700원	2017(E)	9.5	0.85	8.0

매수가	6만 6,000원
목표주가	8만 원
투자기간	2016년 하반기~2017년 상반기
투자비중	30%
투자의견	2015년에 실적이 안 좋았던 부분은 2가지다. 살로몬 철수로 인한 영업손실, 신규 브랜드 론칭과 리뉴얼을 통한 투자비용이 있었다. 하지만 올해는 이런 부분을 극복하고 이익 성장이 크게 있을 것으로 보인다. 2016년 영업이익이 400억 원 이상이 나올 것으로 보이고, 각 브랜드들이 다 잘해주고 있어서 기대가 큰 부분이다. 지금은 주가가 빠져서 안 좋게만 생각한다. 하지만 매출과 이익 분기마다 성장하는 모습을 보여주면 주가 반등은 강하게 나올 것으로 보인다. 모회사 신세계백화점에 출점하여 들어가기 때문에 가장 유리한 위치에 있기도 하고, 2015년에 3개 대형 점포를 출점했기 때문에 2016년 외형 성장과 이익을 동시에 가져갈 수 있다는 판단이다. 또한 패션, 리빙스타일, 화장품 포트폴리오를 가져가면서 더 안정적인 사업을 진행할 수 있게 되었고, 부동산 가치만 해도 1조 원이 넘기 때문에 현재 시가총액 4,000억 원은 현저히 저평가되어 있는 부분이다.

투자 포인트

1. 브랜드별 성장이 심상치 않다(톰보이, 자주, 보브, 데이지, 맨온더분, 코모도).
2. 유통 채널 있는 자가 결국 의류업계 승자(신세계, 현대백화점)
3. 화장품(OEM, ODM, 자체 브랜드) 이뤄낸다.
4. 포트폴리오 다양화
5. 2017년 실적 본격화

투자 리스크	투자등급
1. 내수 침체, 의류 업종 직격탄 2. 의류 업종들 실적 악화(한세실업, 영원무역)	업황: ★★★☆☆(12점) 실적: ★★★★☆(18점) 성장: ★★★★★(20점) 사업: ★★★★★(20점) 기술: ★★★☆☆(12점)

끼 많은 주식은 결국 춤추기 마련이다: 신세계인터내셔널

신세계인터내셔날의 기업분석을 하면서 오랜만에 떨림을 느꼈다. 그만큼 실적과 자산 가치가 모두 매력적이었다. 의류 사업을 시작으로 라이프스타일, 화장품 사업까지 확장해나갔다. '신세계'라는 든든한 그룹이 있어서 신세계백화점이나 이마트에 입점해서 판매처를 안정적으로 펼쳐나갔다. 또한 신세계인터내셔날이 보유하고 있는 청담동 가로수길 소재의 땅 가치만 당시(2016년) 1조 원이 넘었다. 여러 정황을 분석해봤을 때 투자 매력도가 높은 상황이었다. 다만 의류 사업이 주 매출이어서, 내수 경기에 민감했다.

필자가 매수할 수 있었던 것은 주가가 생각한 바닥 구간까지 내려왔기

의류 경쟁업체 비교분석(2017년 예상)

(단위: 원)

	신세계인터내셔날	한섬	한세실업
시가총액	4,727억	9,260억	1조 260억
매출	1조 1,500억	8,490억	1조 8,542억
영업이익	402억	1,040억	1,297억
영업이익률	3.5%	12%	7%
순이익	400억	840억	1,000억
EPS	5,602	3,410	2,500
PER	11.8배	11.02배	12.6배
PBR	0.95배	1.0배	1.5배
ROE	7%	9%	16%
특징	유통채널 신세계	유통채널 현대백화점	미국 의류 OEM

자료: 에임하이파트너스 기업분석 자료

투자지표를 보면 신세계인터내셔날이 한섬보다는 조금 매력이 부족했다. 하지만 한섬 주가는 많이 올라서 부담되던 주가 위치였고, 신세계인터내셔날은 고점 대비 많이 빠진 상황이었다. 향후 성장 동력이 더 크다고 느껴서 신세계인터내셔날을 선택했다.

상장사와 타건설사 대비 저평가(PER/PBR/ROE비교)

2016년 기준 비교

	신세계인터내셔날	한섬	한세실업
PER(배)	24.36	12.2	13.4
PBR(배)	0.89	0.83	2
ROE(%)	4.15	8	15.8

2017년 기준 비교(E)

	신세계인터내셔날	한섬	한세실업
PER(배)	9.5	11	12
PBR(배)	0.85	0.8	1.8
ROE(%)	8	9	16

PER(수익성 저평가)

- 절대적인 PER는 9.5배 구간으로 싸다고 말할 수 없으나, 의류 섹터는 평균 PER 12배 구간 형성, 다만 인터는 의류+리빙+화장품 다양한 사업군을 보유하고 있다.
- 상대적인 PER로도 싼 구간, 다른 경쟁업체들보다 조금 더 싸다고 판단했다.
- PER 밴드 9.7~39.8배 구간까지 형성, 현재 구간 PER 밴드 최하단이다.

PBR(순자산 저평가)

- 절대적인 PBR은 0.85배 구간으로 조금 저렴하다는 판단, 1배 구간이 적정하다.
- 상대적인 PBR로는 다른 경쟁업체들보다 저렴한 구간, 한섬과 비슷하다.
- PBR 밴드 0.8~1.8배 구간까지 형성, 현재 구간 PBR 밴드 최하단이다.

ROE(투자 대비 효율성)

- 절대적인 ROE는 8% 구간으로 높지는 않은 상황, 15% 넘으면 효율성이 우수하다.
- 상대적인 ROE로도 비슷하거나 낮은 상황, 의류 섹터가 높지 않은 상황이다.

신세계인터내셔날 - 꾸준히 성장하는 2016년 실적

연결 손익계산서
제 21 기 2016.01.01 부터 2016.12.31 까지
제 20 기 2015.01.01 부터 2015.12.31 까지
제 19 기 2014.01.01 부터 2014.12.31 까지

(단위 : 원)

	제 21 기	제 20 기	제 19 기
매출액	1,021,123,056,073	1,005,239,640,895	911,892,489,674
매출원가	503,377,194,956	517,854,472,504	476,885,979,851
매출총이익	517,745,861,117	487,385,168,391	435,006,509,823
판매비와관리비	490,705,430,283	467,446,029,022	419,132,353,166
영업이익(손실)	27,040,430,834	19,939,139,369	15,874,156,657
금융수익	15,782,617,883	15,359,299,578	12,153,272,095
금융비용	20,580,516,555	19,057,287,694	14,381,178,162
관계기업및공동기업투자평가이익	8,471,757,464	10,349,636,295	8,874,668,832
기타영업외수익	8,379,843,767	6,301,362,466	10,609,449,278
기타영업외비용	13,640,577,239	7,418,434,013	7,325,416,448
법인세비용차감전순이익(손실)	25,453,556,154	25,473,716,001	25,804,952,252
법인세비용	7,999,012,521	4,485,209,869	6,551,276,921
당기순이익(손실)	17,454,543,633	20,988,506,132	19,253,675,331
당기순이익(손실)의 귀속			
지배기업의 소유주	17,364,021,234	21,117,306,042	20,439,346,165
비지배지분	90,522,399	(128,799,910)	(1,185,670,834)
주당이익			
기본주당이익(손실)	2,432	2,958	2,863

자료: 신세계인터내셔날 사업보고서

2014~2016년까지 꾸준하게 영업이익이 증가하는 것을 확인할 수 있다. 2017년 예상 영업이익도 사업부 영업이익 레버리지 효과로 기대가 컸다.

때문이다. 하지만 이번에도 매수하고 난 후 주가는 지속해서 내려갔다. 내려갈 때마다 분할매수를 계속 진행했고, 필자가 원하는 30% 비중까지 채울 수 있었다. 투자 기간이 생각보다 길어져 쉽지 않은 투자였다. 주가가 하락할 때마다 깊은 고민에 빠졌고, 회사 실적에 대해 의심하기 시작했다.

신세계인터내셔날 – 공격적인 추가매수로 수익을 얻었던 투자 사례

자료: 네이버증권 차트

분할매수 및 추가매수를 진행하면서 평균단가를 낮췄고, 기다림 끝에 좋은 수익으로 마무리할 수 있었다. 좋은 기업은 이런 식으로 대응한다.

자다가도 일어나서 다시 매출을 구해보기도 했다. 브랜드별로 예상 매출을 구했고, 영업이익률을 따져서 영업이익과 순이익도 구해봤다. 그렇게 실적을 추정했더니 여전히 매력적인 기업이라는 확신이 들었다. 오히려 추가매수를 해야겠다고 결심했다. 분석하면서 궁금했던 사항은 주식담당자와 통화하면서 궁금증을 풀어나갔다.

투자하고 6개월이 지났을까, 주가는 본격적으로 올라가기 시작했다. 그리고 필자가 원하는 주가 8만 원에 도달할 수 있었다. 주가가 올라가니 마음고생 했던 게 싹 씻겨 내려갔다.

투자 결과

매도가

7만 9,000원

수익

20%

매도한 이유

1. 2017년 실적 기준 PER 밸류 15배 구간 도달, 7만 5,000원 상승 구간

2. 단기간 바닥에서 25~30% 상승

3. 목표주가 도달

4. 내수 침체 우려감

5. 의류업체 경쟁 심화

성공 원인

1. 기업분석을 끈질기게 진행했다.

2. 분할매수 하면서 참고 기다렸다.

 투자노트

아프리카TV

종목명	아프리카TV(종목 코드 067160)		PER(배)	PBR(배)	ROE(%)
시가총액	2,539억 원	2016	16	3.5	24
주가	2만 3,300원	2017(E)	12	3.0	25

매수가	2만 2,000원
목표주가	3만 5,000원
투자기간	2017년 4월 19일~10월 16일
투자비중	30%
투자의견	주가가 그동안 빠졌던 이유는 BJ들의 경쟁사로 이탈, 골드만삭스에 매도, 화질을 높이기 위한 투자비용 증가, 광고 매출이 빠르게 붙지 않은 점이 있었다. 하지만 이런 내용들은 하나씩 해결해나가고 있는 상황이었고, 이런 악조건에도 최대 실적을 만들어가고 있었다. 향후 장기적으로 광고 쪽 매출이 붙는다면 업사이드가 크게 나올 수 있다고 봤다.

투자 포인트
1. 이익 확대 구간(플랫폼 안정화) 2. 결국 광고다. 품질 높이기 전략 3. BJ와 상생한다. 대표의 체질 개선 전략 4. 모멘텀: 스타 리마스터, 평창올림픽

투자 리스크	투자등급
1. 지속적인 베스트 BJ들의 이탈 2. 광고의 매출이 증가하기 위해서는 　시간이 필요할 것으로 보임 3. 진입장벽이 쉬운 업계	업황: ★★★★☆(16점) 실적: ★★★★☆(18점) 성장: ★★★★☆(18점) 사업: ★★★★★(20점) 기술: ★★★★☆(16점)

요란한 이슈보다 조용한 전망이 중요하다: 아프리카TV

아프리카TV는 개인방송 플랫폼을 제공하는 업체이다. 초기에는 이런 비즈니스 모델이 생소했고, 안착할 수 있을지 의문이었다. 하지만 시간이 흐르면서 시청자들이 점점 늘어나고, 검색 트래픽도 늘어나기 시작했다. 우수한 BJ들이 채널을 개설하면서 서비스의 품질은 점점 올라갔고, 시청자들은 콘텐츠에 만족하면서 이 공간에 오래 머무르게 됐다. 하지만 우여곡절도 많았다.

개인방송 경쟁업체 비교분석(2017년 예상)
경쟁업체: 트위츠TV, 카카오TV, 유튜브TV, 페이스북라이브

(단위: 원)

	아프리카TV	트위츠TV	유튜브TV
시가총액(+희석물량)	2,555억		
매출	952억		
영업이익	205억		
영업이익률	21.56%		
순이익	156억		
EPS	1,435		
PER	16.37배		
PBR	3.67배		
ROE	24.67%		
특징	선점	게임 특화	대도서관

자료: 에임하이파트너스 기업분석

실제 아프리카TV의 경쟁업체들이 상장하지 않았기 때문에 표를 채우지 못했다. 실시간 개인방송에서는 절대적인 1위였고, 경쟁업체들이 후발주자로 막 뛰어들기 시작했다. 하지만 이미 선점한 시장은 쉽게 깨지지 않는다.

아프리카TV의 이익 확대 구간

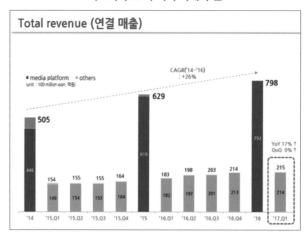

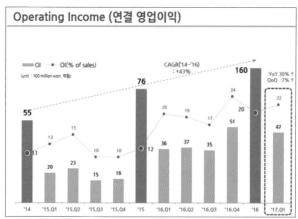

- 지속적인 매출 성장
- 영업이익 증가폭 확대(작년 4분기부터 확연히 좋아짐)
- 회선 사용료 증가 여부 위주로 체크
- 트래픽 증가로 인한 점유율 확대
- 별풍선 문화 안착
- 광고 부분이 지속적으로 이익 기여 중

(단위 : 백만원)		2015	비중	2016	비중	2016.1Q	비중	2016.4Q	비중	2017.1Q	비중
	operating revenue (영업수익)	62,868	100.0	79,830	100.0	18,336	100.0	21,391	100.0	21,484	100.0
	operating expense (영업비용)	55,233	87.9	63,810	79.9	14,703	80.2	16,318	76.3	16,769	78.1
fixed costs (고정비)	employment costs (인건비)	20,535	32.7	24,862	31.1	5,898	32.2	6,221	29.1	6,043	28.1
	depreciation (유무형감가상각비)	2,931	4.7	2,719	3.4	869	4.7	655	3.1	667	3.1
	dedicated internet circuit expense (회선사용료)	3,234	5.1	5,225	6.5	1,276	5.1	1,532	7.2	1,528	7.1
	rent (지급임차료)	1,645	2.6	1,788	2.2	502	2.6	424	2.0	471	2.2
	event expenses (행사비)	2,595	4.1	3,539	4.4	457	4.1	835	3.9	1,266	5.9
	others (기타)	3,817	6.1	3,806	4.8	1,045	6.1	853	4.0	883	4.1
variable costs (변동비)	commission & service charge (copyright fee 영업비 약 10~15%)	13,691	21.8	13,799	17.3	2,980	21.8	3,647	17.1	3,652	17.0
	paying charges (지급수수료)	5,662	9.0	6,872	8.6	1,608	9.0	1,789	8.4	1,872	8.7
	others (기타)	1,125	1.8	1,201	1.5	248	1.8	362	1.7	387	1.8

(unit : million won, 백만원)

* (%) : /Operating Revenue (비중 : 매출액 기준)

트래픽 선점 효과

1. 기부경제에 기반한 커뮤니티
2. 라이브스트리밍 트래픽의 선점→ 시장 선점 우위의 지속: 실질적으로 유일한 개인방송 플랫폼
   - 락인 효과/ 전환비용
   - BJ의 선택
   - 자유로운 비즈니스 모델: 잠재적 경쟁자에게 상당한 진입장벽으로 작용

3. 개인방송 시장에서의 확고한 입지 + 가속되는 시장 성장
: 뉴미디어 시장에서 라이브스트리밍 시장의 비중 확대될 듯

4. 다양한 콘텐츠 확장(쉽지만은 않음)
   엔터테인먼트, 비엔터테인먼트(교육, 지식, 시사, 라이프스타일 등) / 기타 서비스
   - 게임, 보이는 라디오, 스포츠, 먹방 등 엔터테인먼트 콘텐츠 내 확장 지속
   - 점점 더 마이너한 커뮤니티들의 유입 지속: 그림, 악기연주, 당구, 낚시, 바둑, 프라모델 조립, 미니어처 제작 등

5. '콘텐츠 확장 ⇨ 신규 트래픽 커뮤니티 ⇨ 트래픽 레벨업을 통한 새로운 파트너십 및 콘텐츠 확장'으로 이어지는 선순환 구조

아프리카TV – 분할매수로 잘 대응했지만 소음을 이겨내지 못했던 투자 사례

자료: 네이버증권 차트

분할매수 및 추가매수를 잘했지만, 소음을 이겨내지 못하고 매도했다. 하지만 그 뒤로 회사는 사업 방향대로 굳건히 진행했고, 그 결과 주가는 고공행진이었다. 뼈아픈 실수이자, 좋은 교훈이었다.

아프리카TV가 시장 선점에는 성공했지만, 경쟁업체들이 개인방송 시장에 들어오기 시작했다. 트위치TV, 유튜브TV, 네이버TV 등에서 실시간 개인 방송을 할 수 있는 시스템을 선보였다. 그리고 필자가 매수했던 시점에서 이런 악재가 나오기 시작했다. 당연히 주가도 영향을 받아 하락했고, 시장에서는 매우 큰 우려감이 떠돌았다. 실제로 트위치TV가 들어오면서 아프리카TV의 게임 방송 시청자 일부는 트위치TV로 옮겨갔다. 게다가 유튜브나 네이버의 공격적인 마케팅과 운영으로 아프리카TV를 위협하는 상황이었다.

주가가 내려갈 때마다 분할매수는 했지만, 불안감이 조금씩 생겼다. 그래서 회사를 직접 찾아가 보기로 했다. 물론 전화로도 충분히 물어볼 수 있었지만, 다양한 질문을 통해 원하는 정보를 얻고 싶었다. 6개월간의 투자

기간 동안 두 번이나 회사를 방문했다. 트래픽이 지속해서 늘어나는 상황에서 내부적으로는 향후 어떤 방향성을 가지고 사업을 구상하고 있는지, 앞으로 플랫폼을 어떻게 확장할 것인지 등 단기적인 부분보다 장기적인 비전에 대해서 많이 물어보았다. 그렇게 주식담당자의 이야기를 듣고 나서 정리해본 결과, 향후 회사는 크게 성장할 수 있을 거라고 확신했다. 1인 방송 시장의 크기는 더욱 커질 것으로 판단했고, 아프리카TV는 한 발 더 앞서서 사업을 구상하고 계획대로 이행하고 있었다.

아프리카TV는 개인방송 선두업체로서 빠르게 자리를 잡았다. 또한 필자가 투자했을 당시에는 추가적으로 투자할 필요도 없던 상황이라 이익을 극대화할 수 있었다. 다만 경쟁업체들(카카오TV, 네이버TV, 유튜브TV 등)이 계속적으로 공격적인 마케팅을 하면서 아프리카TV의 시장점유율을 뺏어갔다. 하지만 확실히 시장 선점 효과가 커서 영향을 크게 받지는 않았고, 오히려 개인방송 시장에서 1위 자리를 돈독히 했다.

투자 기간 동안 필자는 아프리카TV를 많이 시청했다. 콘텐츠 주제가 한 분야에 국한되지 않고, 다양한 취미를 가진 BJ들을 직접 영입하면서 볼거리를 더 풍성하게 만들어나가고 있었다. 경쟁업체가 들어와도 트래픽이 줄어들지 않았고, 오히려 늘어났다. 필자는 경쟁업체들이 들어오는 것이 장기적인 악재가 아니라고 생각했다. 그만큼 회사도 경쟁업체 진입에 맞서 열심히 대응하고 있었고, 대표가 직접 정기적으로 시청자들과 만나 건의사항을 들어주고, 시청자들과의 좌담은 어떻게 진행됐는지 공지도 해줬다.

하지만 필자는 결론적으로 아프리카TV 투자에 실패했다. 2017년 10월에 개인방송 관련 국정감사에서 아프리카TV의 대표가 아이템 과다 결제 이슈로 참석했다. 간단하게 형식적으로 끝날 줄 알았는데, 생각보다 질의

응답은 길어졌고 대표는 질타를 받았다. 필자도 직접 시청했지만, 생각보다 파장이 커질 것 같았다. 일단 아프리카TV 플랫폼에서 시청자가 BJ에게 후원의 의미로 선물하는 별풍선 아이템이 주 매출(전체 매출의 80%)인데, 이것을 규제하겠다고 이야기가 나왔다. 일일 결제 한도가 3,000만 원에서 100만 원으로 줄어든다는 내용이었는데, 필자는 숫자 폭만 보고 놀라서 순간적으로 빨리 매도해야겠다는 결정을 내렸다. 사실 하루에 100만 원 이상 결제하는 사람은 많지 않았는데, 소음에 감정적으로 대응한 것이다. 조금만 더 생각해보고 결정했어야 했는데, 큰 실수를 했다.

아프리카TV 주가는 2015년에 최고 4만 원까지 갔었다. 하지만 베스BJ 이탈 및 기관투자자 골드만삭스의 손절 물량으로 주가가 2만 원까지 빠졌다. 좋은 기회라고 생각했고, 때마침 최초 매수했을 때는 스타크래프트 리마스터 대회 부활과 리니지M 게임에 대한 기대감이 있었다. 이런 이슈들 때문에 아프리카TV의 트래픽이 증가해서 아이템과 광고 수익이 더 좋아질 것이고, 좋은 매수 타이밍이라고 생각했다.

하지만 결국 크게 하락할 때 매도했고, 손실률도 -18%로 투자를 마무리했다. 포트폴리오 중 투자 비중도 높아서 타격이 컸다. 장기적인 전망을 긍정적으로 보고 투자했었는데, 찰나의 소음을 견디지 못했다. 하지만 점차 시간이 흐르면서 소음은 줄어들었고, 주가는 크게 튀어 올랐다. 3개월 만에 주가는 2만 5,000원을 회복했고, 7개월 만에 4만 원을 돌파했다. 이 투자로 금전적인 손실은 컸지만, 크게 성장하게 된 계기가 되었다. 이 경험을 통해서 장기적으로 비전이 좋은 주식은 바닥에서 절대 매도하지 않을 것이라는 원칙이 굳건해졌다.

투자 결과

매도가

1만 8,000원

손실

-18%

매도한 이유

국정감사로 인한 주 매출 규제에 대한 우려

반성할 점

1. 규제 부분을 정확히 숫자로 해석하지 못했다.

2. 주가 하락으로 인해 감정적으로 대응했다.

3. 장기적으로 비전이 좋은 기업을 바닥에서 매도했다.

 투자노트

오텍

종목명	오텍(종목 코드 067170)		PER(배)	PBR(배)	ROE(%)
시가총액	1,970억 원	2016	7.9	1.3	18
주가	1만 2,800원	2017(E)	6.5	1.1	19

매수가	1만 2,750원
목표주가	1만 6,000원
투자기간	2018년 2월 6일~4월 30일
투자비중	20%
투자의견	오텍은 주업이 특수차량이지만, 캐리어 지분을 인수한 후에는 에어컨 판매가 주를 이루고 있다. 매출 비중도 70% 근처이기 때문에 가전업체라고 봐도 무방하다. 그러다 보니 계절적인 요인을 많이 따르고 있다. 날씨가 더워지는 여름에 매출이 더 잘 나오고, 2, 3분기에 매출이 집중되고 있다. 그래서 겨울이면 주가가 싸지고, 날씨가 최고로 더워지면 주가는 고점에 있는 형태를 최근 3년 동안 보여줬다. 또한 최근에는 공기청정기까지 판매하면서 미세먼지 수혜주로 부각을 받고 있다. 주가는 저평가이고, 성장성도 좋고, 업황 트렌드에 맞게 움직이고 있다. 거기에 계절적인 모멘텀까지 더해지다 보니 투자 환경은 좋다고 본다. 비지니스 모델도 다양해서 멀티플도 향후 더 높게 받을 수 있다.

투자 포인트

1. 여름 계절 수혜주, 에어컨 판매 기대감
2. 1차 상품 택배 증가에 따른 냉동탑차 증가
3. 미세먼지 수혜주, 공기청정기, 스타일러 진출
4. 저평가+성장성 보유한 기업
5. 계절주 패턴
6. 남북철도 테마주

투자 리스크	투자등급
1. 원자재 가격 상승에 따른 이익 감소 2. 예상 전망치 대비 실적이 못 미치는 우려	업황: ★★★★☆(18점) 실적: ★★★★★(20점) 성장: ★★★★☆(18점) 사업: ★★★★☆(18점) 기술: ★★★★☆(16점)

수혜주는 비수기에 투자해야 수익을 올린다: 오텍

오텍은 캐리어 에어컨을 제조하고 판매하는 회사다. 사실 오텍의 주식투자는 단순한 연산만으로 알 수 있어서 조금은 쉽게 접근했다. 에어컨 판매는 기온이 올라가는 여름이 성수기다. 에어컨 가격도 여름이 제일 비싸고, 수요도 가장 많다. 주가도 마찬가지다. 여름에 주가가 가장 비싸고, 비성수기인 겨울에 가장 저렴하다. 그래서 주식을 추운 겨울에 매수해서 여름에 매도하는 전략을 취하면 성공적인 매매가 될 수 있을 것이라고 생각했다.

하지만 다른 기업을 매매하느라 한겨울에 오텍을 매수하지 못했다. 그래서 뒤늦게 아직은 쌀쌀한 3월에 매수를 시작했다. 과거 3년 동안의 주가 패턴이 거의 똑같아서 걱정이 없었다.

에어컨 및 소형가전 경쟁업체 비교분석(2018년 예상 실적 기준)

(단위: 원)

	오텍	신일산업	위닉스
시가총액	1,970억	1,136억	2,860억
매출	9,500억	1,700억	3,300억
영업이익	370억	150억	200억
영업이익률	3.90%	8.80%	6.10%
순이익	250억	115억	180억
EPS	1,620	162	1,010
PER	7.9배	9.9배	15.8배
BPS	9,300	950	7,200
PBR	1.37배	1.68배	2.22배
ROE	16%	19%	17%

자료: 에임하이파트너스 기업분석 자료

오텍은 경쟁업체 대비 저평가 요소가 강했다. 성장 기대감은 크지 않았으나 실적 대비 저평가된 부분이 컸다.

오텍 – 계절 수혜주 패턴대로 안정적으로 수익 실현했던 투자 사례

겨울에 샀다면 더 좋은 결과를 얻었을 것이다. 그래도 아직 쌀쌀했던 3월에 매수를 했고, 더워지는 시점인 5월에 잘 매도할 수 있었다. 에어컨 수혜주이기 때문에 겨울에 사서, 여름에 파는 전략을 취했다.

　겨울이 주가 저점, 여름 초입이 고점이었다. 기상청에 들어가서 평균 기온을 수시로 점검했다. 전년 대비 평균 기온이 오르는지 내리는지를 확인하고, 작년보다 기온이 높으면 '에어컨 판매가 더 좋아질 수 있겠다'라고 가늠했다. 주가도 조금씩 반응을 보이기 시작했다. 매수하고 2개월이 지났을까, 날씨는 조금씩 따뜻해지기 시작했다. 게다가 오텍이 향후 남북철도에 에어컨을 납품한다는 소식이 돌면서 남북철도 테마주로 주가는 더 올라갔다. 1만 5,500원 구간이 목표주가였고, 단기적으로 주가도 올라서 수익을 내고 매도할 수 있었다. 때로는 이렇게 단조로운 투자 방식이 좋을 때가 있다.

투자 결과

매도가

 1만 5,400원

수익

 21%

매도한 이유

1. 단기적인 상승, 기대 수익 20% 이상 생각
2. 보수적으로 수익 컷 진행
3. 순환매 차원, 현금 확보

성공 원인

1. 투자 계획대로 진행했다.
2. 욕심을 내지 않고 목표주가에 매도했다.

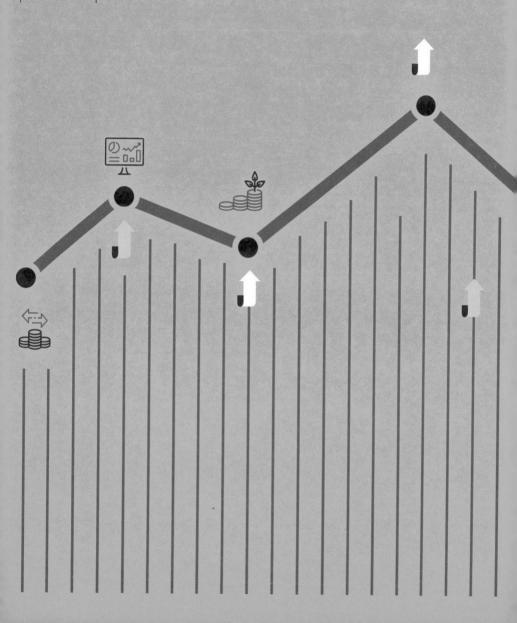

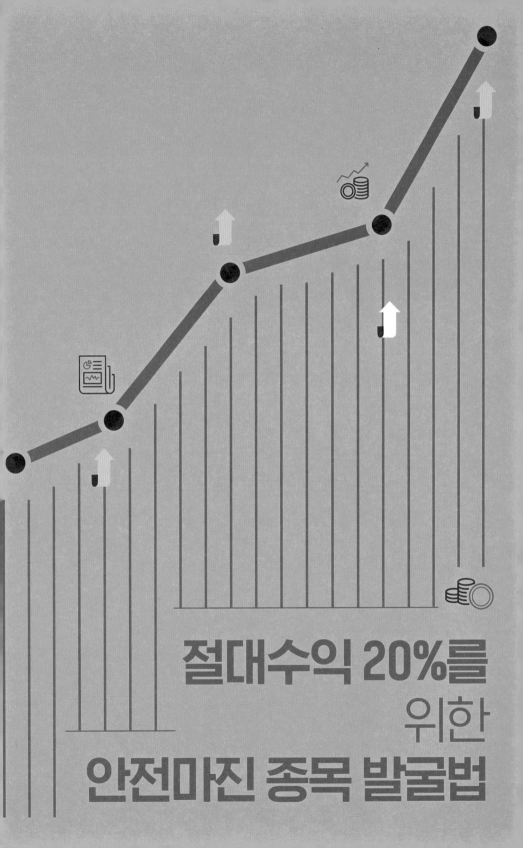

절대수익 20%를
위한
안전마진 종목 발굴법

왜 저평가된 주식에
투자해야 할까?

법원 경매의 인기는 여전히 좋다. 그 이유는 무엇일까? 제값보다 더 저렴하게 매물을 매수할 수 있기 때문이다. 경매에 나왔다고 해서 매물의 면적이 작아지거나, 질이 나빠지는 것은 아니다. 많은 사람과 경쟁해야 하므로 쉽지 않지만, 현장답사와 주변 시세를 잘 알아보고 매수한다면 저렴한 가격에 부동산을 마련할 좋은 기회가 될 수 있다.

투자를 할 때, 시세대로 매수하는 것은 의미가 없다. 시세보다 저렴하게 매수해야 투자로서 가치가 있다. 반대로 시세보다 비싸게 매수하는 건 큰 리스크를 안는 것이다. 경매가 활황일 때 낙찰률이 100%를 넘어가는 경우가 많았다. 이것은 투자라기보다 진짜 거주할 집을 샀다는 의미다.

갑자기 소유주가 헐값에 집을 처분해야 하는 상황이 오거나, 경제 상황이 좋지 않아 매수자가 없어서 가격을 계속 내리는 상황이거나, 강제집행 명령을 받은 등의 이유라면 충분히 가격이 내릴 수 있으므로 투자자는 이런 시점을 기다릴 필요가 있다.

부동산 시장에서 투자 가치가 있는 물건을 찾듯이, 주식시장에서도 투자

가치가 있는 주식을 찾아야 한다. 주식에서 이렇게 실질 가치보다 낮은 잠재 가치로 시세가 평가되는 주식을 '가치보다 낮은 평가와 가격, 즉 저평가 되었다'고 말한다. 그러면 주식시장에서 '저평가되었다'라는 기준은 뭘까?

바로 실적과 순자산 가치다. 기업은 업종과 비즈니스 모델 그리고 시장 상황에 따라 가치가 형성되는데, 실적 대비 주가가 낮게 책정되어 있다면 저평가되었다고 한다. 그리고 부채를 뺀 나머지를 자본총계 또는 순자산 이라 하는데, 주가보다 낮게 평가받으면 저평가되었다고 한다.

그럼 우리는 왜 저평가 기업에 투자해야 할까? 이유는 다음 두 가지다.

1. 더 주가가 내려가기 어려운 상황(하방 안전마진)이 생긴다.
2. 저평가되어 있을수록 주가 상승 폭이 커져 기대수익률*이 높아진다.

실적이 전년 대비 역성장하는 경우에 주가는 지속해서 내려가게 된다. 하지만 회사가 꾸준하게 실적을 내고 있는데 저평가되어 있다면, 주가는 일정 부분에서 하락을 멈추게 된다. 또한 저평가는 기대수익률과 연관이 있다. 저평가된 회사는 제값을 찾아가기 마련이다. 주가는

기대수익률
각각의 투자에 따라 실제로 실현될 가능성이 있는 수익률의 값들을 평균한 값

대외 악재나 일시적인 이슈로 빠질 수도 있다. 세계 경제위기나 리먼 사태, 국세청 세무조사, 단기적 비용 발생 등의 이유로 주가는 일시적으로 내릴 수 있다. 하지만 향후 실적에 문제가 없는데 주가만 내렸다면, 주식은 저평가 구간으로 접어든다. 선수들은 이런 저평가된 기업들의 주가가 내렸을 때를 기회로 삼아 매수하기 시작한다.

주가가 내릴 때는 생각보다 무지막지하게 내릴 때가 많다. 마치 회사가 없어질 것처럼 주가가 크게 내리는 경우도 있다. 물론 장기적인 비전이 없거나, 실적이 떨어지는 추세라면 매도하는 게 맞다. 하지만 일시적인 이유라면 큰 반등의 기회가 올 수 있다. 이때가 주가를 저렴하게 살 기회다.

1998년 IMF 당시 주가는 공포스러울 정도로 하락했다. 그럴 만도 한 것이, 나라에 보유한 외화가 없어서 결국 세계경제기구에 손을 빌린 것이니 이보다 더 두려운 상황은 없었을 것이다. 부동산에 비유한다면 법원경매에 매물이 헐값에 나왔다고 생각하면 된다.

코스피 277포인트, 코스닥 605포인트로 시장지수가 바닥까지 내려왔다. 물론 IMF 영향으로 기업들이 실적에 타격을 입은 것도 사실이다. 하지만 우리나라 개인주주, 기관들이 전부 주식을 팔 때 오히려 주식을 저가에 매수한 사람들이 있었다. 바로 외국인 기관투자자였다. 외국인 기관투자자들은 절호의 기회라고 생각하고, 우량주 기업들을 사 모으기 시작했다. 하지만 아무것에나 투자하지 않았다. 다시 올라올 수 있는 기업, 실적을 잘 냈던 기업, 시장 우위 1위 기업을 사 모았다. 특히 삼성전자의 경우 외환위기 당시 최저점 주가는 3만 1,200원(액면분할 전 가격)이었고, 1년 후 최고점 주가는 33만 5,000원이었다. 만약 최저점에 사서, 최고점에 매도했다면 1년 만에 10배 이상의 차익을 거둘 수 있었다. 결국 외국인 기관투자자들에게 큰돈을 벌게 해준 셈이다. 우리나라 대형 우량주에 외국인 기관투자자의 비중이 많은 이유가 바로 IMF 때 지분을 많이 허락했기 때문이다.

시장이 빠지고, 주가가 내린다고 해서 모든 기업이 기회가 되는 것이 아니다. 주가가 내려도 걱정 없는 기업, 앞으로 비전이 있고 성장하는 기업을 사야 한다. 이것이 핵심이다. 우리는 저평가된 기업을 선별할 줄 알아야 한

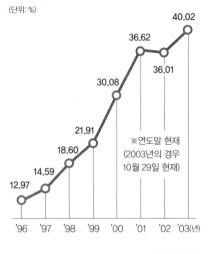

코스피 외국인 보유비중 추이 1(1996~2003년)

(단위: %)

40.02

36.62

36.01

30.08

21.91

18.60

14.59

12.97

※연도말 현재
(2003년의 경우
10월 29일 현재)

'96 '97 '98 '99 '00 '01 '02 '03(년)

자료: 증권거래소

1998년 IMF 외환위기 이후로 외국인 투자자는 우리나라 증시에 공격적으로 투자 비중을 늘렸다. 모두가 매물로 던졌을 때, 외국인은 저렴하게 쇼핑했다.

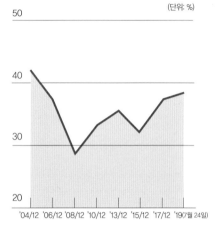

코스피 외국인 보유비중 추이 2(2014~2019년)

(단위: %)

50

40

30

20

'04/12 '06/12 '08/12 '10/12 '13/12 '15/12 '17/12 '19(7월 24일)

자료: 증권거래소, 에프앤가이드

최근에도 외국인 투자 비중은 30~40%를 유지하고 있다.

다. 가격만 내렸다고 해서 능사가 아니다. 저평가된 기업을 잘 선별하면 안 정적인 투자, 기대수익률이 높은 투자를 기대할 수 있다.

주가가 많이 내려 있고, 저평가 구간에 들어왔을 때 촉각을 곤두세워서 잘 대응해야 한다. 무작정 많이 빠졌다고 해서 좋은 게 아니라 저평가 구간 에 들어왔을 때 관심 있게 보는 게 핵심이다. 상승하는 주식만을 살 것이 아니라, 바닥에 머무는 주식에 관심을 가져야 한다. 이것이야말로 이 시장 에서 장기간 안정적으로 투자하는 방법이다.

당신의 종목에는 이 3가지가 있는가?
수익성(PER), 안정성(PBR), 효율성(ROE)

연봉 1억 원, 자본 1억 원 vs. 연봉 2,000만 원, 자본 5억 원

만약 이 조건 중 하나를 고르라고 한다면 어떤 것을 선택하겠는가?

자본을 적게 가지고 고액 연봉의 직장생활을 할 것인가, 아니면 자본은 많이 가지고 적은 연봉의 직장생활을 할 것인가? 이 질문은 결국 고수익의 수익성을 추구하는지, 현금을 많이 보유하고 안정성을 추구하는지에 대한 것이다. 내가 아무것도 가진 게 없어도 미래에 대한 수익 기대성이 높으면 현금이 쌓이는 것은 시간문제라고 생각한다. 반면에 내가 가진 돈은 많은데 수익성이 적으면 미래가 고민될 것이다. 투자에 있어서는 둘 다 중요한 조건이다. 하지만 만약 필자가 둘 중 하나를 선택한다면 수익성을 선택할 것이다. 그 이유는 미래 가치에 더 의미를 두기 때문이다.

그렇다면 투자자들은 어떤 선택을 할까?

투자로 돈을 빠르게 불려 나가고 싶은 투자자들은 수익성을 더 중요시한다. 그리고 조금은 느긋하게 안정적으로 돈을 불려 나가고 싶은 투자자

들은 안정성을 더 중요하게 생각한다. 이런 성향은 삶의 가치, 라이프스타일이 반영되는 부분이기 때문에 각자 투자 스타일에 맞게 진행하면 된다. '어떤 게 정답이다'라고 말하기 어렵다.

주식투자를 공부하다 보면 여러 가지 투자지표를 보게 된다. 투자 전문가들이 그중에서도 중요하다고 생각하는 지표는 PER(수익성), PBR(안정성), ROE(효율성)이다. 이 중 ROE 지표는 워런 버핏이 중요하게 생각하는 부분이고, 필자 또한 꼭 ROE 지표를 검증한다. ROE(ROE=PBR/PER) 지표는 PER 지표의 수익성과 PBR 지표의 순자산이 결합된 지표이기 때문이다.

필자는 투자를 할 때 이 3개 지표가 모두 좋은 기업을 선정하려고 노력한다. 하지만 3개 지표가 모두 좋은 기업을 찾기란 쉽지 않다. 더구나 과거 지표가 아닌 미래 지표를 바탕으로 진행하다 보니 더욱 어렵다. 어렵게나마 이런 조건의 기업을 찾았다면 그 투자는 항상 좋은 결과로 이어졌다.

그럼 먼저 PER을 알아보자.

우리가 매년 1억 원씩 순이익이 나는 음식점을 운영하고 있다고 가정해보자. 하지만 건강상의 이유로 더 이상 영업하기 힘들어 매각하려고 한다. 그러면 얼마에 파는 게 좋을까?

매출 1억 원이 아니라 순이익이 1억 원이다. 매년 특별한 이슈가 없는 한 이 수준의 순이익을 유지할 수 있다. 이럴 때 성장도 없고, 역성장도 없는 상황이라면 필자는 10억 원에 매각할 것이다. 최소 앞으로 받지 못할 10년이라는 시간의 보상으로 적당한 가격이라고 생각하기 때문이다. 여기서 걸리는 기간이 바로 PER이다. 이 음식점은 PER 10배를 받고 팔 수 있는 것이다. 그럼 투자로 연결 지어서 생각해보자.

순이익 1억 원은 회사가 1년 동안 번 돈이고, 매각 금액 10억 원은 시가총액(주식×주식 수, 기업의 힘)을 말한다. 매년 1억 원을 벌면 10년 안에 시가총액에 도달한다는 뜻이다. PER이라는 개념을 EPS로 계산해서 구하는 방법도 있지만, 이렇게 시가총액을 순이익으로 나눠서 설명하면 조금 더 이해가 쉽다.

그러면 PER이 낮을수록 좋은 걸까, 높을수록 좋은 걸까?

매년 2억 원씩 순이익을 내는 가게의 매각 금액이 10억 원이라고 했을 때, 5년만 기다리면 매각 금액에 도달한다. 5년과 10년은 큰 차이다. 주식 시장에서는 주가에 따라 시가총액이 달라진다. 시가총액은 정해져 있고, 실적도 계속 업데이트되고 있다. 삼성전자 시가총액이 240조 원이고, 매년 버는 순이익이 40조 원이라면, 시가총액에 도달하는 데 걸리는 시간은 6년이다. 이를 PER 6배라고 표현한다. PER은 연간 실적이 시가총액에 도달하는 데 걸리는 기간이다. 즉 연(年)수가 짧을수록 주가는 저평가된다.

물론 PER 밸류를 구할 때는 미래 실적을 기반으로 구하는 게 좋다. 지난 실적과 현재 실적은 이미 주가에 반영된 부분이기 때문이다. 미래 실적을 예측하여 예상 이익을 구해서 PER 밸류를 산정해야 한다. '올해 혹은 내년 실적은 이 정도 나올 것 같으니 현재 시가총액 대비 어느 정도의 시간이 걸릴 것 같아.' 이것이 바로 PER 개념이다.

그래서 우리는 예상 실적을 추정하는 데 집중해야 한다. 실적이 예측되지 않는다면 투자하지 않는 게 바람직하다. 그러므로 항상 수치화해보면서 저평가 지표를 찾아내야 한다. 예상 실적은 기업 리포트를 통해서도 알 수 있고, 주식담당자와 통화해서 업계 분위기를 통해 알아낼 수도 있다. 또한 소비자와 가장 가까이 있는 전방산업 투자 상황과 분위기, 기사, 뉴스,

공시, 발품을 통해서도 예측해볼 수 있다.

1998년 IMF, 2008년 미국 리먼 사태와 금융위기 때 우리나라 우량주 기업들은 대부분 PER 1배였다. 1년만 돈을 벌면 기업을 살 수 있는데 매수를 안 할 것인가? 이런 기회는 쉽게 오지 않는다. 이런 기회가 다시 온다면 우리는 공격적으로 투자해야 한다.

그러면 PER이 낮으면 일단 1순위로 사고 봐야 하는가?

그렇지는 않다. 앞서도 이야기했지만 기업마다, 업종마다 프리미엄 밸류가 있기 때문이다. 프리미엄 밸류는 멀티플 또는 적정 PER이라고 말하는데 성장성에 많이 좌우된다. 업종과 회사마다 성장성이 다르며, PER 밸류가 모두 다르게 적용된다. 그 회사가 PER 5배라고 해서 무조건 싼 것은 아니다. 그 업황과 회사 상황을 모두 확인해봐야 한다.

종근당(제약바이오주, 종목코드 185750)과 한솔제지(제지주, 종목코드 213500)의 가치는 동일하지 않다. 한솔제지는 성장성이 크지 않은 섹터로 보고, 종근당은 향후 지속적인 성장 섹터로 본다. 그래서 PER 밸류 기준 자체가 다르다. 만약 종근당이 PER 5배 구간이라면 한솔제지는 PER 5배 구간보다 더 큰 수익을 노릴 수 있다. 성장성 때문에 더 높은 밸류를 받고 있기 때문이다. 한솔제지가 PER 5배에서 PER 10배까지 올라갈 수 있다면, 종근당은 PER 5배에서 PER 20배까지 올라갈 수 있다.

PER이 낮을수록 매력적인 것은 맞다. 하지만 만년 저평가로 끝날 수도 있다. 향후 성장 동력이 없다면 매력을 끌지 못할 것이고, PER 3배라도 투자자의 마음을 끌기 어려울 것이다.

차라리 PER 10배라도 향후 성장 동력이 있어서 PER 20배까지 움직일 수 있는 기업을 시장에서는 선호한다. 일부 투자자들은 PER이 낮은 기업들에만 투자하면서 장기투자로 이어지는 경우가 많았다. 수익이 나면 괜찮지만, 그렇지 않은 경우도 많다. 때문에 PER 밸류가 낮은 기업만 찾기보다는 그 회사의 성장성과 비즈니스 모델까지 함께 참고하는 것이 더 현명하다.

정리하면, PER은 투자지표 중에서 수익성을 나타내고, 투자 기간을 뜻한다. PER이 낮을수록 좋지만, 기업마다 평가받는 가치가 다르다. 시장의 하락 기간은 PER이 낮아지기 때문에 기회가 될 수 있다. 그러나 PER 가치가 낮은 기업을 염두에 두되, 무조건 선택하기보다는 그 회사의 성장성과 비즈니스 모델을 같이 보면서 투자 기업을 선택하는 게 현명하다.

PBR은 안정성의 투자지표이다. 회사가 실적을 내지 못하더라도, 순자산 가치가 높으면 주가 방어가 되기 때문이다. 특히나 PBR 밴드 하단 근처에 오면 주가 하락이 멈추는 경향이 있으며, 저가 매수세에 힘입어 반등하는 경우가 많다. 하지만 회사가 실적을 지속적으로 내지 못한다거나 적자를 계속 낸다면, 주가 바닥 지지는 의미가 없어진다. 그 적자가 회사의 순자산을 계속 깎아먹기 때문이다. 또한 유형자산이 많은 기업은 PBR 1배 미만을 저평가 구간으로 보고, 무형자산이 많은 기업은 PBR 2배 미만을 저평가 구간으로 본다.

예를 들어 삼성전자는 2019년 예상 BPS(주당 순자산 가치)는 3만 7,199원, 예상 PBR은 1.18배이다(2019년 8월, 주가 4만 4,000원 기준). 유형자산이 많은 기업이라 PBR 1배 미만이면 저평가 구간으로 해석한다. 실제 삼성전자 PBR 밴드 하단도 1배이다. 그래서 삼성전자 주가가 3만 7,200원까지 내려온다면 PBR 밴드 최하단에 내려오게 된다. 실제 주가도 3만 6,850원까지 내렸다가 반등했다. 주가가 점점 이 가격대로 내려올수록 안전마진은 더 생긴다는 뜻이다.

이와는 반대로 NAVER(종목코드 035420)의 2019년 예상 BPS는 3만 9,067원, 예상 PBR은 3.74배이다(2019년 8월, 주가 14만 6,500원 기준). 무형자산이 많은 기업이어서 PBR 2배 미만이면 저평가 구간으로 해석한다. 실제 NAVER PBR 밴드 하단은 3배이다. 그래서 NAVER 주가가 11만 7,200원까지 내려온다면 PBR 밴드 최하단까지 내려오게 된다. 실제 주가도 11만 원까지 내렸다가 반등했다.

ROE 구하는 공식을 보면, 당기순이익/자본총계(이번 자본총계+직전 자본총계/2)×100이다. 당기순이익이 커질수록, 자본총계가 줄어들수록 ROE 투자지표는 높아진다. 즉 자본 대비 얼마만큼 벌어주는지를 나타내주는 효율성 지표이다. 회사가 계속적으로 자본을 쌓아두기만 하고 순이익에 큰 변화가 없다면, ROE 지표는 내려갈 것이다. 그리고 회사가 계속적으로 자본을 활용하고 투자해서 순이익이 점점 늘어난다면 ROE 지표는 올라갈 것이다. 실적을 잘 내고, 투자를 지속적으로 잘하고, 배당을 한다면 ROE 지표는 올라갈 수 있다.

필자는 ROE 지표를 볼 때 회사의 ROE 지표가 꾸준하게 올라가는지를 확인한다. 예전에는 ROE 지표가 높은 기업(ROE 15% 이상)만 찾아다니면서 투자했다. ROE 지표가 높게 유지된다는 것은 자본을 효율적으로 굴리고, 수익을 내고 있다는 뜻이다. 하지만 이제는 좀 더 나아가서 ROE 지표가 점점 올라가는 기업에 주목하고 있다. ROE 지표가 5%라도 점점 올라가는 추세라면 회사가 성장하는 추세로 판단하기 때문이다.

투자지표 3요소 활용 방법

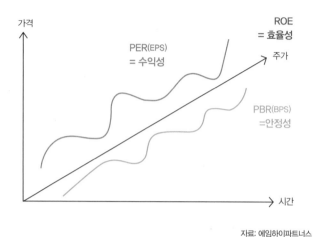

자료: 에임하이파트너스

주가는 결국 수익성(EPS)이 이끌고, 안정성(BPS)이 뒷받침한다. 그리고 효율성(ROE)에 따라 장기적인 성장 동력을 만들어낸다.

물론 회사의 추적 관찰은 필수다. 어떻게 자본을 활용하고 있고, 수익성을 극대화하는지 꼼꼼히 확인해보고 투자하고 있다.

이처럼 PER, PBR, ROE를 모두 활용하는 투자자가 되길 바란다. 결국 주가는 수익성이 이끌고, 순자산이 받쳐주고, 효율성이 점점 좋아지거나 높아질 때 상승한다.

성장성이 높은 종목을 찾는 법
가격(P), 수량(Q), 비용(C)

"이야, 넌 정말 매년 그렇게 성장하냐? 대단하다."

주변에 이런 친구가 한 명쯤은 있을 것이다. 성실하게 일하고, 변함없고, 꾸준하게 노력하는 모습이 멋져 보인다. 이 친구의 성격, 성향, 태도, 마음가짐, 말투만 들어봐도 신뢰가 가고 믿음직스럽다. 무슨 일을 맡고 있든지, 무슨 일을 진행하든지 충분히 잘 해낼 수 있을 것 같다. 직장인이라면 승진을 더 빨리할 것이고, 사업가라면 사업이 더 잘될 것이다. 그러면서 연봉이나 수입 금액은 자연스럽게 오를 것이다.

기업도 다를 게 없다. 매년 성장하는 회사가 있는 반면에 역성장하는 회사가 있다. 왜 다른 결과가 나올까? 회사의 업황, 비즈니스 모델, 운영 방침, 규율, 경영 이념, 비전 등이 다르기 때문이다. 초심을 잃지 않고, 꾸준하게 지켜나가는 기업이 성장할 가능성이 높다. 결과는 실적으로 말해주고, 투자자들에게는 주가 수익과 배당을 안겨준다.

앞에서도 이야기했지만, 저평가는 저평가로 끝날 수 있다. 결국 저평가 딱지를 떼기 위해서는 회사가 성장해야 한다. 저평가된 기업은 현재에는 매력을 느낄 수 있겠지만, 미래를 보장해주지 않는다. 회사가 저평가되어 있다가도 실적이 역성장하면서 고평가를 받을 수도 있다. '물이 고이면 계속 썩는다'는 말처럼 계속 변화와 성장을 통해 회사의 가치를 높여가야 한다.

매년 순이익 1억 원씩 버는 음식점이 평생 그렇게만 번다면 얼마나 좋을까? 하지만 가게가 큰 변화를 시도하지 않고 시간만 보내면 외부 환경 변화나 내부 사정으로 순이익이 점점 줄어들게 될 것이다. 안일하게 현재 버는 돈만을 생각한다면 역성장할 수도 있다. 결국 변화를 줘야 한다. 새로운 메뉴를 개발한다든가, 가게 확장을 통해 고객을 더 많이 유입하게 하는 등 새로운 변화를 줘야 가게는 더 성장할 수 있다.

필자는 기업을 직접 방문하고 있다. 직접 가서 회사의 상황을 들어보면 여러 유형으로 나눌 수 있다. 현재 돈을 잘 벌고 있지만 신사업을 준비하지 않는 회사, 현재 돈을 벌지는 못하지만 성장을 위해 신사업을 준비하는 회사, 현재 돈을 잘 벌고 있는데 신사업을 준비하는 회사다.

당신이라면 어떤 유형의 기업을 선택하겠는가? 100명에게 물어보면 100명 모두 현재 돈을 잘 벌고 있는데 신사업을 준비하는 회사를 선택할 것이다. 내 피 같은 돈을 역성장하는 기업에 투자하고 싶지는 않기 때문이다.

그럼 기업이 성장한다는 것을 어떻게 알 수 있을까?

기업 성장을 알아보는 대표적인 3가지는 P (Price, 가격), Q (Quantity, 수량), C (Cost, 비용)이다. 성장의 기본은 이 3가지에서 출발한다.

P(Price, 가격) 결정은 매우 중요하다

가격을 잘못 설정하면 판매 부진으로 이어질 수 있고, 회사는 큰 위기에 빠질 수도 있다. 가격은 수요와 공급에 의해 결정된다. 수요가 높고, 공급이 적으면 가격은 크게 올라간다. 반면에 수요가 낮고, 공급이 많으면 가격은 크게 내려간다. 가격을 높게 형성해서 판매하면 좋겠지만, 판매 물량이 줄어들 수 있어서 가격을 쉽게 올리지 못한다. 그런데도 가격을 지속적으로 올린다는 것은 공급은 제한적인데, 수요는 계속 늘고 있기 때문이다. 즉 판매 제품이 시장 경쟁력이 생기면서, 시장점유율도 증가하고 있다는 뜻이다. 가격이 상승해도 필수적으로 사야 하는 품목이라면 더욱더 투자에 매력을 느낀다.

필자가 투자한 사례 중 P(가격)와 Q(수량)가 동시에 좋았던 흔치 않은 사례가 있다. 바로 SK하이닉스(종목 코드 000660) 투자 사례다.

2017년 SK하이닉스 D램 가격이 가파르게 올랐다. 당시 SK하이닉스는 D램 시장점유율 세계 2위(25%)였다. D램이 사용되는 곳은 PC, 휴대폰, 서버가 대표적이었다.

글로벌 경기가 좋아지면서, 전반적으로 D램의 수요가 증가했다. 아이폰 10주년 기대감, 넷플릭스, 아마존, 구글 등 서버 증설에 따라 수요가 많이 증가했다. 때마침 삼성전자와 SK하이닉스는 공급을 늘리지 않고 오히려 제한하면서 자연스럽게 D램 가격이 올라갔다. D램 가격이 크게 오르면서 SK하이닉스의 실적도 크게 좋아졌다. 실제로 필자는 이때 당시 SK하이닉스에 투자했는데, 4만 9,000원에 매수하고 8만 원에 매도해서 6개월 만에 약 63%의 수익률을 거뒀다.

SK하이닉스 - 제품단가(P) 상승으로 실적이 좋아지고, 주가도 상승했던 투자 사례

반도체 업황의 공급 제한과 수요 증가로 D램 가격이 상승했다. 그래서 SK하이닉스는 2017년 최대 주가를 달성했다. 필자는 4만 9,000원에 매수하고 8만 원에 매도해서 6개월 만에 약 63%의 수익률을 거뒀다.

Q(Quantity, 수량) 증가는 바로 회사의 좋은 실적으로 이어진다

회사 입장에서 물량 증가보다 더 좋은 소식은 없을 것이다. 바로 매출과 이익으로 이어지기 때문이다. 단, 가격이 점점 내려간다면 이야기는 달라진다. 가격은 내리고, 물량만 증가하면 영업이익률(영업이익/매출액)이 점점 낮아진다. 이 말은 시장 경쟁력을 점점 잃고 있다는 뜻이다. 그래서 물량 증가는 가격 하락 이슈만 없다면 큰 호재다.

2017~2018년에는 4차 산업혁명 이슈가 크게 일어났다. AI, 자율주행, 전기차, 스마트팩토리, 5G 등 새로운 신사업 바람이 불었다. 이 산업 섹터에 가장 필요한 부품은 바로 반도체였다. SK하이닉스는 가장 큰 호황을 맞

이하고 있었다. 특히 데이터센터에서 서버 D램을 요구하면서 물량 증가로 이어졌다. 가격도 올라가면서 영업이익률이 50%를 넘었다. 제조업 기반 사업의 영업이익률이 50%를 넘는다는 것은 매우 이례적인 일이다. 보통 제조업은 생산 인력이 많이 필요해서 원가비용이 높은 편이다. 판매단가도 자유롭지 못해서 가격 인상이 쉽지 않다. 하지만 SK하이닉스의 경우는 과점 형태여서 D램 가격이 오르는 데 유리한 조건이었다. 그만큼 호황이라는 뜻이다.

C(Cost, 비용) 감소는 회사 성장으로 이어진다

원재료 가격 하락, 생산 운영비 하락, 감가상각비 감소, 판매비와 관리비 하락 등 회사에 고정적으로 들어가는 비용이 대폭 줄어든다면 영업이익이 크게 성장할 수 있다. 비용이 감소되면 현금으로 쌓이고, 그 현금을 가지고 다른 투자에 활용할 수 있기 때문이다. 비용이 많이 들어가는 업종일수록 원자재 가격 등을 자세히 살펴보고 투자해야 한다. 큰 기회가 될 수도 있고, 큰 위기가 될 수 있기 때문이다. 예를 들어, 음식료 업종은 대부분 밀가루(밀)를 수입해온다. 그러면 밀의 가격을 꾸준히 확인해야 한다. 대부분 북미 쪽에서 수입해오는데, 태풍이나 가뭄이 들면 밀 가격이 크게 상승할 수 있다. 음식료 업종에게는 악재이다. 또한 수입을 해오기 때문에 환율이 오르면 또 좋지 않다. 그만큼 비용이 더 들기 때문이다.

필자는 2015년에 사조해표에 투자한 적이 있다. 2019년 6월 3일 사조해표는 사조대림으로 합병했다. 해표 식용유와 사조참치 캔류 등을 판매

사조해표 – 원가 감소에 따른 이익 증가

항목	2013/12 (IFRS연결)	2014/12 (IFRS연결)	2015/12 (IFRS연결)
⊕ 매출액(수익)	6,217.6	6,447.9	6,645.4
•내수	5,764.2	5,903.8	5,952.2
•수출	453.4	544.0	693.2
⊟ 매출원가	5,589.2	5,506.8	5,552.3
매출총이익	628.4	941.1	1,093.1
상각후원가로측정하는금융…			
상각후원가로측정하는금융…			
⊕ 판매비와관리비	728.0	783.1	909.7
영업이익	-99.7	158.0	183.4

자료: 네이버증권 재무제표

옥수수 국제 시세 가격 추이

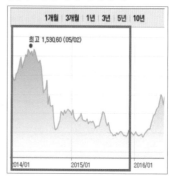

자료: 네이버증권 시세분석

북미 지역에서 기온과 강수량이 좋아 농산물이 풍년이었다. 대두도 생산량이 늘어나고 재고가 쌓이면서 국제 가격이 점점 내려갔다. 거기에 원화 강세까지 이어지면서 대두를 수입해오는 업체에게는 원가를 절감할 수 있었던 좋은 기회였다. 사조해표는 대두를 싸게 수입해오고, 식용유를 평소보다 저렴한 가격에 생산할 수 있었다.

2015년에 북미 지역이 기온과 강수량이 모두 좋아 풍년이었다. 옥수수 생산량도 많이 늘어났고, 재고도 많이 쌓이게 되었다. 그러면서 국제 시세 가격이 점점 내려갔다.

사조해표 – 원재료 가격 하락으로 영업이익이 좋아져서 주가 상승으로 이어진 투자 사례

자료: 네이버증권 차트

사조해표 주식을 조정 구간에서 공격적으로 매수할 수 있었다. 전년 대비 영업이익 상승 기대감에 주가는 빠르게 움직였다. 필자는 주가 1만 4,000원에 매수, 2만 500원에 매도해서 2개월 만에 약 46%의 수익을 거뒀다.

하는 업체로, 식용유에 들어가는 원재료는 대두였다. 대두는 북미 지역에서 주로 수입해오는데, 당시 기후가 좋아 풍년이었다. 풍년이 되면 농산물 재고가 쌓이게 되고, 가격은 하락하게 된다. 그래서 음식료 업종에는 매우 좋은 호재였다. 원가 비용이 저렴해지니 당연히 기업 실적에도 좋은 영향을 주었다. 2014년 하반기~2015년까지 대두 가격은 계속 내렸는데, 이 때문에 사조해표의 매출원가는 매출액 대비 감소하였다. 매출원가율이 2014년 85.4%에서 2015년 83.5%로 낮아졌다. 그래서 2015년에는 영업이익 183억 원으로 최대 실적을 달성하였다. 주가도 1만 2,000원에서 2만 6,000원까지 약 2배 이상 올랐다.

또 다른 예를 들어보자. 영화 사업을 하는 CJ CGV(종목 코드 079160) 최근 3년간 스낵 등의 매점 판매 비중은 16%이다. 그중에서 팝콘 판매가 절대적으로 크다. 팝콘은 옥수수로 만들어진다. 옥수수는 대부분 수입을 해오기 때문에 옥수수 가격이 내릴수록, 환율이 낮을수록(원화 강세) CJ CGV의 영업이익은 좋아진다. 옥수수는 주로 북미에서 많이 수입해오는데, 해당 지역의 풍수량이나 기온이 좋으면 수확량이 확 늘어난다. 그러면 자연스럽게 옥수수 가격이 내려가게 된다. 이렇듯 국내뿐 아니라 국제적인 이슈를 잘 관찰해보면 투자 기회를 찾을 수 있다.

앞에서도 이야기했지만, 기업의 성장은 정말 어려운 일이다. 수많은 고민과 연구 끝에 나오는 결과물이기 때문이다. 대부분 회사가 제자리걸음을 하거나 역성장하는 경우가 많다. 성장하는 회사는 생각보다 찾기 힘들다. 그래서 투자하기 전에 많은 검증을 해봐야 한다.

역성장하는 기업은 웬만하면 투자하지 말아야 한다. 주가가 말해주겠지만, 생각보다 투자 손실이 커진다. 그래서 역성장하는 구조의 기업이라면 피하는 것이 좋다. 우리는 저평가된 기업을 넘어서 성장하는 회사까지 찾아야 한다. 그래야 투자가 안전해지고, 좋은 투자 결과로 이어질 수 있다. 성장하는 회사만이 투자 수익을 지켜줄 수 있다.

업황이 좋은 섹터에 투자해야
손맛을 본다

업황, 즉 업계 현황은 같은 산업이나 상업에 종사하는 사람들의 활동 분야를 말한다. 또한 '전방산업'과 '후방산업'은 전체 생산 흐름에서 산업의 앞뒤에 위치한 업종을 말한다. 제품의 원재료를 제공해주는 업종을 후방산업, 소비자 혹은 구매자가 접하는 업종을 전방산업이라고 보면 된다. 예를 들어 공기청정기 업체의 경우, 공기청정기를 만드는 업종이 후방산업, 공기청정기를 판매하는 가전대리점이나 백화점 등이 전방산업이다.

'디스플레이' 업체의 경우 디스플레이를 제조하는 LG디스플레이, 삼성디스플레이가 후방산업, 디스플레이를 구매하여 제품을 만들어 판매하는 애플, 삼성전자, 소니, BOE가 전방산업이다.

지금까지의 투자 경험에 의하면 업황 또한 매우 중요했다. 업황이 좋은 기업들로 수급이 몰리면서 주가가 빠르게 움직였고, 업황이 좋지 않은 기업들은 그 반대였다. 필자 또한 투자하기 전에 업황을 먼저 고려하고 투자하고 있다. 그래야 결과가 훨씬 더 좋았다. 세계 트렌드, 미국·중국의 정책, 우리나라 정부정책, 업종 1위 기업의 분위기 등을 중심으로 분석한다면,

업황 분위기를 생각보다 쉽게 알아낼 수 있다.

세계 이슈를 파악하라

전 세계적으로 콘텐츠 시장이 계속 커지면서 넷플릭스가 크게 성장했다. 그리고 이제 넷플릭스에서는 콘텐츠를 팔고 있다. 넷플릭스가 계속 커진 다면 콘텐츠 업종들은 계속 좋은 실적을 낼 가능성이 크다. 유튜브 시장이 커지면서 동영상 시장이 커지고, 크리에이터나 모바일 광고 업종 또한 혜택을 받아 성장하고 있다. 이처럼 거대한 기업이 만들어지면 관련 수혜주들이 많아진다. 투자자들은 기회를 잘 포착해서 미리 수혜주와 관련주를 저가에 매수할 필요가 있다.

글로벌 선두 기업의 경영 전략을 점검하라

업황의 분위기를 보려면 업계 1위, 2위 기업의 판매 추이와 실적을 점검해야 한다. 전기차업체 테슬라가 좋은 실적을 내고 있다면 '전기차' 섹터를 주목해볼 필요가 있다. 전기차와 ESS(에너지 저장 시스템) 시장이 커진다면 '2차 전지'를 주목해야 한다. 일본의 파나소닉이 2차 전지 업계 1위이지만, LG화학, 삼성SDI, SK이노베이션의 분위기도 점검해봐야 한다. 앞으로 전기차 시장이 계속해서 커진다면, 관련주들은 성장이 지속될 때까지 수혜를 볼 것이다.

2019년 6월 기준, 전기차 보급률은 2% 미만이고, 2030년까지 30%를 목표로 하고 있다. 매년 성장할 가능성이 높고, 그 중심에 미국과 중국이 있다. 미국과 중국이 전기차 시장의 기반을 다져놨기 때문에 우리나라 2차 전지 기업들에게도 기회를 주고 있다. 이미 관련주들은 많이 올랐고, 투자자들은 추가적인 수혜가 있을 수 있는 기업들을 찾아 나서고 있다.

우리나라 정부 이슈를 파악하라

정부정책 또한 매우 중요하다. 주식투자를 할 때 '정부정책과 맞서지 마라'는 이야기를 들어봤을 것이다. 필자는 과거 2016년 초반부터 2017년 5월까지

신세계건설 – 정부정책의 반대로 손절했던 투자 실패 사례

자료: 네이버증권 차트

신세계건설 주식을 매수하고 나서 오래 보유하였으나, 대형마트 설립 규제의 정부정책으로 회사가 성장하기 힘들었다. 결국 주가도 내려갔고, 회복하기에는 시간이 길어질 것 같다는 생각에 손절매했다.

'신세계건설(종목코드 034300)'에 투자했었다. 평균단가 4만 1,000원에 매수해서 최종 3만 5,000원에 매도했고, 약 15%의 손실로 투자에 실패했다. 신세계건설은 이마트와 신세계그룹의 대형 쇼핑몰을 지어주는 사업을 했다.

하지만 정부는 골목상권을 우선시하고, 대형마트의 신규 출점은 계속 규제하는 방침이었다. 특정 지역에 대형마트가 건설 허가를 받으려고 할 때 골목상권 상인들이 시위하거나 시청이나 구청에서 건설허가를 내주지 않는 상황이 벌어졌다. 결국 신규 수주로 이어지기 힘든 상황이었고, 실적도 크게 역성장하게 되었다.

그때의 경험 때문에 정부정책과 거꾸로 가는 기업은 투자할 생각을 하지 않게 되었다. 크게 실패해봤기 때문이다. 정부정책과 함께하는 기업을 투자해야 한다는 것을 명심하자.

업종 1위 기업의 분위기를 보자

2017년 반도체 업황이 호황을 이루면서 모든 반도체 섹터의 주가 흐름이 좋았다. 특히 삼성전자, SK하이닉스가 최대 실적을 냈고, 전년 대비 각각 영업이익은 84%, 315%의 성장률을 보여줬다. 그리고 반도체 소재, 장비, 시설 등을 납품하는 기업의 실적도 모두 좋았다.

결국 업황은 후방산업이 실적을 잘 내면, 납품업체인 중소기업들도 큰 호황을 누리게 된다. 당연히 영업이익과 실적도 모두 좋을 것이다. 하지만 이미 이렇게 실적이 잘 나오고, 모두가 해당 업황에서 수익을 내고 있을 때는 이미 한발 늦은 것이다. 지금 저평가되어 있을 때 향후 업황은 좋아질 것이고, 성장성 있는 기업을 발 빠르게 선점하는 투자 습관을 길러야 한다.

업황의 분위기가 좋으면 이 업황을 중심으로 투자하는 투자자가 늘어난다. 관련 기업이 실적 상승과 함께 성장하기 때문에 좋은 투자 기회가 될 수 있다. 뭐든지 초반에 잡는 게 중요하다. 이미 바닥에서 주가가 30~50%로 올라온 상태라면 매수를 다시 생각해볼 필요가 있다. 따라서 주식투자자라면 업황에 대해서도 시간이 날 때마다 공부해야 한다. 그래야 기회가 왔을 때 잡을 수가 있다.

반면에 업황이 좋지 않은 기업은 생각보다 투자 기간이 길어질 수 있다. 주가가 바닥이고, 향후 턴어라운드* 가능성이 있다면 최고의 매수 기회가 될 수 있다. 하지만 개선이 힘들고, 실제 이익으로 이어지기 어렵다면 시간은 꽤 걸린다. 지루한 투자가 될 수 있고, 심지어 주식투자에 흥미를 잃게 될 수도 있다. 차라리 주가가 바닥에 오래 있던 종목에서 향후 좋아지는 신호를 발견한다면 그때 투자하는 게 좋다. 단, 그동안 공부와 연구가 뒷받침되어야 기회가 왔을 때 매수할 수 있다.

턴어라운드(Turnaround)
넓은 의미의 기업회생을 의미한다. 구조조정(Structural Regulation)과 리스트럭처링(Restructuring, 기업혁신 전략), 리엔지니어링(Reengineering, 조직 재편성) 등이 포함된다.

그러면 업황 공부를 어떻게 하면 좋을까?

'한경 컨센서스(http://hkconsensus.hankyung.com/)'를 검색해서 접속해보면 기업, 산업, 경제 리포트를 무료로 볼 수 있다. 기업에 대한 투자 포인트를 알고 싶다면 기업 리포트를, 업황의 전반적인 흐름을 알고 싶다면 산업 리포트를, 시장의 흐름을 조금 더 알고 싶다면 시장 리포트를, 시장지표, 환율, 유가 흐름 등을 알고 싶다면 경제 리포트를 읽으면 된다.

촉매제가 되는 모멘텀이 있는
종목을 유심히 살펴라

'가치투자가 맞다. vs. 모멘텀 투자가 맞다.' 주식 관련 커뮤니티와 다양한 매체에서 서로 서로 다른 의견이 대립하는 모습을 볼 수 있다.

회사의 실적 가치를 보고 투자하는 게 가치투자 입장이라면, 향후 기업의 재료나 소재 등을 보고 투자하는 게 모멘텀 투자 입장이다. 하지만 군이 서로 싸울 필요가 있을까? 실적과 모멘텀을 모두 보유한 기업에 투자하면 더 좋지 않을까? 개인적으로는 모두 같이 적용했을 때 투자 결과가 훨씬 더 좋았다. 그리고 투자 계획도 더 쉽게 짤 수 있었다.

기업 M&A, 기대작 출시, 신규 게임 출시, 신작 발표, 대규모 수주 공시, 정부정책 발표, 신규 사업 진출, 자회사 기업 IPO(주식공개상장), 최대 실적 발표 등이 다양한 모멘텀이 될 수 있다.

모멘텀이 발생하는 시점까지 주가 흐름은 긍정적인 경우가 많다. 그래서 미리 자료를 수집해서 모멘텀 기간까지 계속 매수한다. 그리고 실제 모멘텀이 발생하고 소진되면 주가는 큰 폭의 하락으로 이어지는 경우가 많다. 이미 재료가 노출되었기 때문이다. 하지만 이런 이슈를 뉴스로 접한 투자

스튜디오드래곤 – 드라마 신작으로 보는 모멘텀 투자 방법

자료: 네이버증권 차트

대형 모멘텀이 있는 기업들은 5~6개월 전부터 주가 바닥을 형성하고, 올라오는 경향이 있다. 모멘텀이 발생하는 시점에서는 주가가 고점을 형성하는 경우도 많았다. 스튜디오드래곤도 〈미스터션샤인〉 드라마가 방영되는 첫날에 주가가 고점을 형성했다. 이미 기대감이 반영된 주가라고 판단하여 매물이 나오기 시작했다.

자들은 뒤늦게 매수해서 큰 손실로 이어지는 경우가 많다.

스튜디오드래곤(종목 코드 253450)은 CJ계열의 콘텐츠 제작회사다. 2017년 11월에 주가 5만 원대(시가총액 약 1조 원)에 상장했다. 워낙 제작 라인업이 풍부한 기업이라 작품마다 기대감이 높았다. 특히 김은숙 작가가 이 회사 소속이어서 더욱더 기대감이 높았다. 김은숙 작가는 〈태양의 후예〉, 〈도깨비〉, 〈푸른 바다의 전설〉, 〈상속자들〉, 〈신사의 품격〉, 〈시크릿가든〉, 〈파리의 연인〉 등 대작들을 만들어냈다. 그런 김은숙 작가가 2018년 7월에 스튜디오드래곤이 제작을 맡은 〈미스터션샤인〉 드라마를 출시한다고 발표했고, 기대감은 정말 높았다. 아니나 다를까, 주가는 상장 이후 꾸준히 상승했다.

드라마가 방영되는 첫날까지 주가는 올랐다. 시장에서 기대했던 첫 방영 시청률은 케이블 기준 10%였는데, 실제 첫 방영 시청률은 8.9%가 나왔다. 방영되기 전까지 7개월 동안 주가는 6만 원에서 12만 원까지 2배 이상 올랐다. 하지만 방영되는 첫날이 고점이 됐고, 그 뒤로 주가는 내려가기 시작했다. 기대했던 시청률이 나오지 않았기 때문이다. 만약 여기서 주가가 더 상승하려면 첫 방영 시청률이 15% 이상 나왔어야 했다. 이처럼 재료가 소멸하면 주가는 하락으로 이어진다.

모멘텀 투자 시 주의할 점

모멘텀 투자를 할 때 이것만큼은 주의해야 한다.

첫째, 주가가 이미 오른 상황에서 뉴스가 나왔다면 매수하지 말자. 오히려 매도 시점이다.

둘째, 투자 전에 회사의 어떤 이슈나 이벤트가 있을지, 그리고 기대감이 얼마나 되는지 알아보자.

셋째, 모멘텀 크기 여부(실적 영향)를 체크하라. 그 크기만큼 주가 폭이 결정된다.

모멘텀 크기 여부는 어떻게 알 수 있을까?

모멘텀 크기 여부는 과거의 기록과 모멘텀의 실적 영향력에 따라 달라진다. 과거 기록을 보면 '스튜디오드래곤'이 제작하는 김은숙 작가의 신작 기대감은 높았다. 작가가 누구인지, 제작사는 어디인지, 출연 배우는 누구인지, 시나리오는 어떤 내용인지 등 동영상이나 뉴스 등을 통해서 알아낼 수 있다. 이런 내용은 또 6개월~1년 전에 미리 알아낼 수 있다. 물론 모멘텀을 확인할 때도 실적 투자만큼 깊은 분석이 필요하다. 모멘텀이 확실해야 주가가 움직일 수 있고, 그에 따라 기다릴 수 있기 때문이다.

또한 실적 영향력이 어느 정도인지에 따라서 모멘텀의 크기가 결정된다. 모멘텀이 얼마나 실적 상승을 이끌 수 있는지, 작년 대비 얼마나 성장을 이끌 수 있는지 크기를 따져봐야 한다. 하지만 실적 상승의 기대만큼 주가는 미리 선반영되는 경우가 많다. 주가가 이미 선반영돼서 올라갔다면 좋은 기회라고 생각하고 매도로 대응하는 게 좋다.

모멘텀 투자의 장점은 투자 계획과 기간을 명확히 알 수 있어서 대응하기 쉽다는 것이다. 모멘텀 크기에 따라 주가 움직임이 있고, 실적까지 나오는 기업이라면 더욱더 안정적으로 투자할 수 있다. 그래서 굳이 실적과 모멘텀을 나눌 필요가 없는 것이다.

실적과 모멘텀은 시너지 효과가 크다. 안정적인 부분(실적)과 주가 추진력(모멘텀)이 투자 성공 확률을 더 높여주기 때문이다. 투자자라면 이렇게 매력적인 투자 방법을 알고 있어야 한다.

2018년에 투자했던 오텍의 투자 사례를 살펴보면 더 명확히 모멘텀 투자 방식을 이해할 수 있다. 오텍은 캐리어 에어컨을 판매하는 업체다. 에어컨 판매가 주 매출로 80% 이상이어서 에어컨 판매 중심으로 투자를 풀어가면 쉽다. 에어컨은 보통 여름에 잘 팔리기 때문에 투자 시기도 여름에 맞춰서 진행하면 된다. 혹시 패딩은 여름에 사야 싸게 살 수 있고, 수영복은

오텍 – 실적과 모멘텀을 활용한 성공 투자 사례

자료: 네이버증권 차트

오텍은 에어컨 제조 및 판매가 본업으로, 여름 수혜주다. 겨울에 저점을 만들고, 여름에 고점을 만들기 때문에 겨울에 사고, 여름에 파는 전략을 취해야 한다. 매년 동일한 패턴을 볼 수 있다.

겨울에 사야 싸게 살 수 있다는 말을 들어봤는가? 주가도 똑같은 흐름을 갖는다. 오텍은 여름이 성수기이기 때문에 겨울에 주식을 사야 한다는 말이다. 이미 여름에는 주가가 고점을 향해 달려가고 있기 때문에 실적이 나오지 않는 비성수기, 즉 겨울 시즌 바닥 구간의 주가에서 매수해야 한다.

위 차트에서 패턴을 보자. 겨울에 저점이 만들어지고, 여름에 고점이 만들어지고 있다. 매년 신기할 정도로 정석 같은 패턴이 만들어졌다. 하지만 이제는 투자자들도 감지했는지, 겨울에도 조금 더 빠르게 매수하기 시작했고, 여름에는 조금 더 빠르게 매도하기 시작했다. 필자 또한 오텍을 2018년에 1만 2,750원에 매수한 후 1만 5,400원에 매도해서 2개월 만에 총 21%의 수익률을 거뒀다.

주변을 잘 살펴보자. 기대감이 높은 신작 예정 드라마, 신작 예정 영화, 신작 게임, 신작 음원, 신제품 등 관심만 있으면 확인할 수 있는 부분이다. 검색을 활용하거나 기업을 꾸준히 공부한다면 반드시 큰 기회를 잡을 수 있다. 그리고 투자노트를 적어가면서 나만의 투자 레시피를 만들어보자. 투자 결과가 확실히 달라질 것이다.

황금열쇠 4개를 갖춘 종목을 찾아라
저평가주, 성장성, 업황, 모멘텀

투자자마다 모두 다른 투자 조건과 기준을 갖고 있다. 투자자마다 자신의 깜냥만큼 성과를 내기 때문에, 결국 자신만의 방식을 터득해나가는 게 중요하다. 그리고 나만의 투자 원칙을 세워나가야 한다.

필자는 저평가되어 있고, 성장성이 있으며, 업황이 좋고, 모멘텀까지 보유하고 있는 4가지 조건으로 투자를 진행하고 있다. 그리고 모든 조건을 부합하는 기업을 찾으면 설렌다. 성공 확률이 높은 기업을 찾아냈다는 희열 때문이다. 이 4가지 조건에 맞는 기업은 찾기 어려운 만큼 투자의 성공 확률은 확실히 높았다. 이 4가지 조건을 모두 부합하는 기업은 언제든지 좋은 투자의 대상, 나의 포트폴리오를 떠받치는 좋은 자산이 된다.

2018년 초, 필자가 투자했던 티웨이홀딩스(종목 코드 004870)의 사례를 보자. 당시 티웨이항공 지분을 82% 보유하고 있었고, 저가 항공(LCC, low cost carrier) 업계 3위였다. 근거리 해외여행을 많이 다니면서 여행객들의 수요가 증가했고, 신규 항공사의 공급 제한이 있었기 때문에 투자 매력도가 매우 높았다. 당시 유가는 중간 수준(1배럴당 60~70달러)에 형성했고, 원

티웨이홀딩스 - 저평가, 성장성, 업황, 모멘텀 4가지를 모두 보유했던 성공 투자 사례

자료: 네이버증권 차트

환율이 원화 강세여서 티웨이홀딩스 입장에서는 영업환경이 매우 좋았다. 3,500원에 저점 매수하고, 기다렸더니 주가는 생각보다 빠르게 올라왔다. 단기간에 50% 이상 급등해서 5,000원 이상에서 매도했다.

화 강세(환율 하락)여서 LCC 업종에 투자하기 매우 좋았다. 여행 수요자 입장에서도 원화 강세일 때 여행하기 더 좋고(달러 환전 때 더 싸게 살 수 있음), 비행기를 대부분 리스하는 항공사에서 달러로 더 싸게 결제할 수 있기 때문이다. 투자 여건도 매우 좋았으며, 이 4가지 기준에 모두 충족했다.

저평가

티웨이홀딩스는 매출과 영업이익이 연평균 30%씩 꾸준하게 성장하고 있었다. 여행 수요가 계속 늘어나면서 티웨이도 호황을 맞이했다. 산업 리포트에서 월마다 탑승객과 탑승률을 확인할 수 있었는데, 이 수치를 근거로

2018년 경쟁업체 비교 분석(E)

	티웨이홀딩스	제주항공	진에어
PER(배)	5.4	9.4	10
PBR(배)	2.2	2.2	3
ROE(%)	35	25.7	35

분석해보면 2017년 영업이익 455억 원, 2018년 예상 영업이익도 600억 원이었다. 2018년 1월 투자 당시에도, 2018년 전체 실적이 좋게 나올 거라고 판단했다.

2018년 예상 지배 순이익을 500억 원으로 잡았고, 당시 시가총액은 2,700억 원 수준이었다. 위의 〈표〉를 보면 2018년 예상 지배순이익 실적 기준 PER의 밸류는 5.4배 구간이었다. 경쟁업체 대비 매우 저렴한 구간이었고, 시장점유율도 저가 항공 강자인 업계 2위 '진에어(종목코드 272450)'와 큰 차이가 없었다.

저평가될 요인은 크게 없었다. 적어도 PER의 밸류 8배 구간은 받아야 한다고 생각했다. 티웨이홀딩스는 LCC 시장점유율 2위 업체인 진에어와 시장점유율 차이가 크게 나지 않았기 때문이다. 투자 당시 진에어는 PER 10배 수준이었다. 따라서 티웨이항공 지분율 82%를 감안해도 PER 8배 수준은 적당하다고 판단했다.

성장성

티웨이홀딩스는 국제선의 성장이 돋보였다. 전년 대비 평균적으로 30%
이상 성장하는 모습을 보였다. 당시 우리나라 사람들은 일본과 동남아 쪽
으로 여행을 많이 가기 시작했다. 티웨이는 일본 노선 비중이 30%인데, 일
본 여행이 늘어나면서 큰 수혜를 볼 수 있었다. 그리고 베트남 노선을 늘리
면서 큰 수혜를 봤고, 점유율도 계속 늘어났다. 결국 실적이 모든 것을 말
해줬고, 성장을 의심하는 사람은 없었다.

TV 프로그램 중에 여행 프로그램이 많이 늘어나는 것을 보면서 여행 업
종이 호황이라고 생각했다. 주변을 봐도 돈을 모아서 여행 가는 사람들이

여객수송 증가세 지속

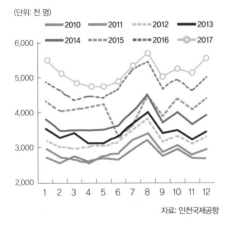

자료: 인천국제공항

2010~2017년까지 여행객이 매년 증가하는 모습을 보였
다. 여행 수요가 증가하다 보니 항공업체들 실적도 지속적
으로 좋아졌다.

국제 여객수 기준 LCC 시장점유율 추이

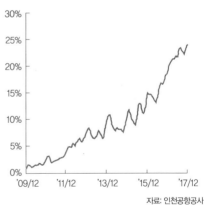

자료: 인천공항공사

LCC(저가항공)업체들이 점점 시장점유율을 높여나갔
다. 동남아시아, 일본 등으로 근거리 여행 수요가 늘어
났다.

많아졌다. 공항에 가봐도 그런 분위기를 충분히 느낄 수 있었다. 이런 점들을 통해 성장에 대한 확신을 가지게 되었다.

업황

2018년에는 휴가 일수가 69일로 가장 많았고, 징검다리 휴일(평일을 끼고 휴일과 휴일 사이 배치)이 많아서 근거리 여행이 유리했다. 그래서 LCC 업종을 선택하게 되었다. 그리고 한번 여행을 가면 그것으로 끝이 아니라 다른 나라, 다른 여행지로 여행을 떠나는 경우가 많기 때문에 여행과 항공업은 큰 수혜를 볼 것이라고 생각했다.

모멘텀

티웨이홀딩스의 모멘텀은 자회사 티웨이항공(지분 82%)의 상장이었다. 상장은 2018년 3분기 예정이었고, IPO(기업 공개) 준비도 잘하고 있었다. 과거 진에어(모회사 한진칼), 제주항공(모회사 AK홀딩스, 종목코드 089590) 사례를 분석해보면서 전략적으로 계획을 세울 수 있었다.

한진칼(종목코드 180640)이나 AK홀딩스(종목코드 006840)도 상장 전까지는 좋은 주가 흐름을 보였고, 상장하기 전 한두 달 전에 주가가 가장 높았다. 그 이유를 보면 상장되면 보유 지분이 희석되기 때문이다. 그래서 필자가 세운 전략은 IPO 1~2개월 전에 매도하는 것이었다. 또한 투자 기간도 5~6개월 정도 가져가면 좋을 것이라고 생각했다. 그리고 IPO를 통해 상장하게 되면 티웨이홀딩스는 더 큰 투자 금액을 받을 수 있기 때문에 큰 모멘텀 중 하나였다.

투자 결과

2018년 1월 초에 3,500원에 매수했고, 투자 비중도 적지 않았다. 하지만 그만큼 확신이 있었기 때문에 투자 비중을 크게 늘릴 수 있었다. 또한 딱히 악재가 될 만한 요소는 없었다. 유가가 조금씩 상승했던 부분이 그나마

> **항공 유류할증료**
> 항공사가 유가 상승에 따른 손실을 보전하기 위해 운임에 부과하는 할증료

투자 리스크였는데, 항공 유류할증료*로 만회할 수 있었다. 유가가 올라간다는 것은 글로벌 경기가 좋아져 수요가 증가한다는 뜻이기도 하다.

투자 결과는 성공적이었다. 필자의 계획대로 주가는 움직였다. 다만 1월 초에 매수를 진행했는데 주가가 생각보다 빠르게 움직였다. 4일 만에 주가가 50% 이상 올라왔다. 단기간 급등이 부담스러워서 매도를 진행했다. 50% 이상 좋은 수익률로 마무리해서 기분은 좋았지만, 계획대로 진행하지는 못했다.

아니나 다를까, 주가는 5월 중순에 7,200원으로 최고점을 찍었다. 필자가 애초에 계획했던 기간이었고, 그대로 보유했다면 100%의 수익률을 기록했을 것이다. 하지만 후회하면 무슨 소용이 있겠는가? 충분히 좋은 결과를 냈으니 만족했다. 실력을 더 키워서 더 잘 예측해야겠다는 교훈을 남긴 투자였다.

한진칼 – 진에어 상장 전까지 주가 흐름

| 한진칼 | 2019.06.11 | 시 44,100 | 고 45,100 | 저 41,800 | 종 42,250 | ▼ -2,750 -6.11% | 거 3,065,426 |

2018.06.01 시 21,750 고 23,550 저 21,350 종 23,550 ▲ 1,850 8.53% 거 1,913,635

이동평균선 ■5 ■20 ■60 ■120   5MA: 22,950 20MA: 21,977 60MA: 21,820 120MA: 19,585   linear

진에어 상장 전까지 기대감   ↓최대값 27,150 (55.62%)

유증

NAVER   최소값 14,350 (194.43%)

진에어 상장 시점

25,000

20,000

15,000

2016.07 2016.10 2017.01 2017.04 2017.07 2017.10 2018.04 2018.07

자료: 네이버증권 차트

한진칼도 자회사 진에어를 상장시켰다. 하지만 한진칼이 진에어 상장 때까지 주가가 계속 올라갔던 게 아니라 2~3개월 전에 주가 고점을 만들었다. 그 이유는 자회사 진에어 지분율이 상장 시점이 다가오면서 줄어들었기 때문이다. 이런 흐름을 파악하고 티웨이홀딩스 투자에도 힌트를 얻었다.

티웨이홀딩스의 주가는 상장 일정이 다가오면서 점점 하락하기 시작했다. 과거 한진칼, AK홀딩스와 똑같은 흐름이었다. 티웨이홀딩스(티웨이항공), 한진칼(진에어), AK홀딩스(제주항공) 등 모회사 주가가 2~4개월 전부터 내렸던 이유는 실적이 잘 나오는 저가 항공사의 지분을 높게 보유하고 있었는데, 자회사 티웨이항공이 상장하면 티웨이홀딩스의 지분률이 줄어들었기 때문이다. 상장하는 시기가 점점 다가올수록 모멘텀 강도가 약해지고, 지분 가치 하락으로 매력이 떨어진다. 그 때문에 주가가 올랐을 때 투자자들은 미리 차익 실현을 한다. 이런 이유로 과거의 기록을 참고하는 것은 매우 중요하다.

본업과 신사업이
동반 상승하는 주식을 찾아라

〈백종원의 골목 식당〉이라는 TV 프로그램이 있다. 외식업 전문가 백종원 씨가 골목 식당을 다니면서 조언을 해주는 컨설팅 프로그램이다. 여기서 백종원 씨가 항상 이야기하는 것이 있다. 일단 메인 메뉴 한 개가 잘 돼야 한다고, 그래야 입소문이 나서 손님들이 많이 온다는 것이다. 그 메뉴가 어느 정도 궤도에 올랐을 때 새로운 음식을 개발해야 한다고 했다. 그렇게 한 개, 두 개 천천히 만들어가야 한다고 조언한다. 정말로 맞는 말이다.

일단 본업이 성공하고 안착해야 새로운 신 메뉴를 만들어나갈 수 있다. 처음부터 여러 메뉴를 깔아놓고 장사를 하면 전문성도 없고, 손님들 기억 속에 특색 없는 가게로 기억될 수 있다. 이처럼 본업이 먼저 안정적으로 자리 잡는 것이 핵심이다.

LG전자(종목 코드 066570)의 주 본업은 무엇일까? 바로 가전과 TV 그리고 휴대폰 판매다. 그렇다면 신사업은 무엇일까? 전기차에 들어가는 '전장 부품 판매'가 신사업의 핵심이다. 더 나아가 '로봇 사업'도 공격적으로 진행 중에 있다.

그렇다면 본업은 얼마나 벌고 있을까? 2017~2018년 가전과 TV, 평균적으로 각각 1조 5,000억 원씩 영업이익을 내고 있다. 꾸준히 실적을 내면서 성장하는 추세다. 반면에 휴대폰 사업부는 5,000억~6,000억 원의 적자를 내는 상황이다. 휴대폰 사업 또한 본업이지만, 마케팅하는 만큼 팔리지 않고 있어서 회사는 많은 고민을 하고 있다. 본업이 모두 좋으면 더 좋겠지만 꼭 이렇게 마음 아프게 하는 사업부가 존재한다.

본업은 전체적으로 봐야 한다. 가전+TV+휴대폰이 본업인데, 이 3개 영업이익의 총합이 매년 꾸준하게 증가해야 투자 매력도가 높아진다. 하지만 본업이 거꾸로 역성장한다면 주가 하락이 모든 것을 말해줄 것이다. 주가가 하락하지 않기 위해서는 본업에서 빠지는 만큼 신사업에서 메워줘야 한다.

본업이 안정적인 '캐시카우' 역할이라면, 신사업은 기대감 및 성장성이다. 본업이 안정적이라면, 신사업의 역할은 더욱 중요해진다. 바로 언제부터 이익을 낼 수 있는지가 중요하다. 더구나 본업이 성장하지 못하고 조금씩 빠지는 추세라면 신사업이 빨리 올라와줘야 한다. 그래야 주가 흐름이 좋아질 수 있다. 신사업이 이익에 기여하는 데 시간이 꽤 걸린다면 조금 더 상황을 보고 투자해도 늦지 않는다. 영업이익 적자를 서서히 줄이고 흑자로 올라와야 긍정적으로 투자할 수 있다.

본업을 유지하면서 신사업이 손익분기점*을 넘어오는 기업들을 공략해보자. 손익분기점 근처까지 올라왔다는 것은 흑자 전환 가능성이 큰 상황이다. 여기서 생각해볼 문제는 신사업이 앞으로 얼마나 이익에 기여할 수 있고, 손익분기점을 돌파하는 시점이 언제인지를 빨리 파악해야 한다.

손익분기점
매출액과 그 매출을 위해 소요된 모든 비용이 일치되는 점

과거 '신세계인터내셔날'에 투자했을 때, 화장품 브랜드인 '비디비치'가 손익분기점을 넘어섰고, 그 뒤로 빠르게 이익에 기여하는 모습을 볼 수 있었다. 하지만 필자는 아쉽게도 20%의 수익률에 만족해야 했다. 워낙 내수가 좋지 않았고, 백화점 매출은 계속 타격을 받고 있었기 때문이다. 비디비치도 생각보다 빠르게 성장하지 못한다고 생각해서 매도했다. 하지만 판단의 착오였다. 신세계 면세점 매출 규모가 계속 커지면서, 중국 관광객들이 비디비치 제품을 많이 사기 시작했다. 그리고 신세계인터내셔날의 영업이익 실적은 전년 대비 100% 이상 성장했다. 한 번의 잘못된 판단으로 주가가 6개월 동안 4배가 뛰어오르는 종목을 놓치고 말았다. 그래서 신사업은 반드시 추적 관찰해야 한다.

LG디스플레이(종목 코드 034220)는 'LCD 패널(본업)+OLED(신사업) 패널'의 사업 구조를 가지고 있다. 그런데 2017년 당시 중국 보조금 정책으로 LCD 공장이 중국에 대량으로 들어섰다. 결국 공급 과잉을 만들었고, LCD 패널 가격이 계속 하락하였다. LG디스플레이는 LCD 패널 매출 비중은 85%여서 타격이 너무 컸다. 본업이 빠지니까 답이 없는 상황이었다. OLED가 신사업으로 기대감이 높았던 부분은 맞지만, LCD의 적자 손실을 커버해주기에는 한계가 있었다. OLED의 매출 비중이 15%밖에 되지 않았기 때문이다. 당시 이익 기여도 크지 않았던 상황이어서 큰 의미가 없었다.

LG디스플레이에 투자할 때, LCD 가격이 내리면 바로 매도한다는 원칙으로 대응했다. 그런데 매도했던 날, LCD 국제 가격이 공급 과잉으로 크게 빠지면서 원칙을 지켜 바로 대응했다. 손실률도 -6%로 끝낼 수 있었다.

LG디스플레이 – 본업(LCD)의 가격 하락으로 마감하게 손절매했던 투자 사례

자료: 네이버증권 차트

LG디스플레이를 3만 6,000원에 매수했지만, LCD 가격이 급락하는 바람에 −6%의 손실을 보고 빠르게 손절매했다.

 본업의 중요성을 다시 한번 느낀 경험이었다. 아무리 신사업이 크게 치고 올라와도 본업이 크게 빠지면 실적 우려감이 커지게 된다. 결국 LG디스플레이는 그 이후로 분기마다 실적이 크게 꺾이면서 주가도 2만 원 수준으로 내려갔다.

 본업이 크게 빠지면 신사업의 기대감도 묻힐 수 있다. 결국 가장 중요한 건 본업이고, 본업이 안정적으로 자리 잡았을 때 신사업의 기대감이 주가에 반영될 수 있다. 명심하자! 본업이 안 좋은 기업은 투자에서 먼저 제외하자. 그리고 본업이 안정적으로 이익에 기여한다면, 그 기업의 신사업을 연구하고 분석해보자. 그러면 투자 방향이 보일 것이다.

치킨게임에서 살아남는
기업을 살펴라

2007~2010년, 반도체 산업에 소리 없는 총성이 시작되었다. 대만 업체들이 반도체 공급을 늘리고, 가격을 크게 인하하면서 D램 가격이 계속 하락하였다. DDR2 1기가비트 가격이 0.8달러까지 빠지면서 D램 업체들은 2년 동안의 출혈 경쟁이 시작되었다. 2009년에 독일 업체 키몬다(D램 점유율 5%)의 파산, 하이닉스, 마이크론, 대만 업체들 모두 대규모 손실을 떠안았다. 1등이었던 삼성전자만 유일하게 흑자를 낼 수 있었다.

1차 치킨게임이 이렇게 마무리되는가 싶더니 2010년에 또 대만과 일본이 대규모 생산시설 투자를 진행하면서 2차 치킨게임이 시작되었다. 일본 업체 엘피다(D램 점유율 16%)가 대규모 적자를 내고 쓰러지자, 마이크론이 인수하는 빅딜이 이뤄졌다. 결국 2013년에는 3개 업체만이 살아남았는데, 바로 삼성전자, SK하이닉스, 마이크론이다.

시장을 선점하기 위해서 많은 기업이 공급을 늘리고, 가격을 내리면서 시장점유율을 높여나간다. 하지만 이 과정에서 무리하게 확장을 시도하거나 현금 보유율이 낮은 기업들은 결국 파산에 이르게 된다. 당연히 실적도

D램 가격 추이(2008~2009년)

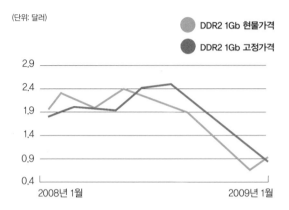

(단위: 달러)

● DDR2 1Gb 현물가격

● DDR2 1Gb 고정가격

자료: 디램익스체인지(Dram Exchange)

DDR2 1기가비트 가격이 2.4달러에서 0.8달러까지 빠지면서 D램업체들은 2년 동안의 출혈 경쟁이 시작되었다.

글로벌 D램업체 수 변동 추이(2008~2009년)

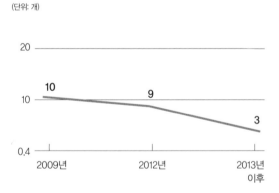

(단위: 개)

자료: 한국반도체산업협회

2009년에 1차 치킨게임이 시작되었다. 2010년에는 대만과 일본이 대규모 생산시설 투자를 진행하면서 2차 치킨게임이 시작되었다. 2009년 10개였던 업체가 2012년에는 9개, 2013년 이후에는 단 3개 업체만이 남았다. 그 기업이 바로 삼성전자, SK하이닉스, 마이크론이다.

좋을 리 없다. 보통 업종 내에서 이런 대규모 치킨게임이 진행되면, 일단 피하는 게 좋다. 하지만 여기서 살아남은 기업들은 큰 수익으로 이어지는 경우가 많다. 시장점유율도 높이고, 가격이 안정화되면 큰 호황을 누릴 수 있기 때문이다.

치킨게임은 극단적인 경쟁으로 치닫는 상황이다. 경쟁업체가 많이 들어오고, 공급 과잉을 만들면서 제품 가격을 하락하게 만든다. 이 여파로 무너지는 기업이 속출하며, 남아 있는 기업들 역시 모두 실적이 좋지 않다. 2010년 초반 중국의 철강·조선 부문에서 대규모 증설이 이뤄지며 POSCO(종목 코드 005490), 대우조선해양(종목 코드 042660) 등이 피해를 보게 되었다. 그리고 2017년 중국의 대규모 LCD 생산공장 증설로 LCD 가격이 크게 내리면서 LG디스플레이의 실적 악화로 이어졌고, 무너지는 기업들이 속출하게 되었다.

그렇다면 이런 경우, 언제 주식을 매수하면 좋을까? 대부분 이런 기업들은 업황이 좋지 않아서 주가가 바닥에 있을 가능성이 높다. 하지만 결국 남아 있는 기업들은 점점 과점을 이뤄낼 것이다. 이때 살아남은 기업 중에서 시장점유율을 더 높여나갈 수 있는 기업을 매수해야 한다. 이런 기업에 시간을 갖고 대응한다면, 실적은 좋게 나올 수밖에 없다. 살아남은 기업들이 떨어져 나간 기업들의 시장점유율을 차지하면서 매출과 영업이익이 늘어나게 될 것이기 때문이다. 물론 중간에 이상 유무를 따지면서 투자할 필요가 있다. 생각보다 주가는 크게 움직일 가능성이 높다.

경쟁업체(한진해운) 파산으로 시장점유율 상승 기대감과 주가 상승

팬오션

대한해운

흥아해운

자료: 네이버증권 차트

한진해운의 파산으로 팬오션, 대한해운, 흥아해운은 시장점유율을 뺏어올 수 있는 좋은 기회였다. 경쟁업체 파산으로 주가는 크게 올랐다.

치킨게임의 수혜주를 찾아라

한진해운이 파산 신고를 하고, 상장폐지 절차를 밟았다. 재무구조가 좋지 않았던 상황이었고, 무리한 경영을 하고 있었다. 결국 실적 악화로 이어지면서 무너지게 되었다. 우리나라 해운 업계 1등 기업이 무너지면서 남아 있는 기업들이 모두 시장점유율을 높여나갈 수 있었다. 팬오션(종목코드 028670), 대한해운(종목코드 005880), 흥아해운(종목코드 003280) 모두 주가 흐름이 좋았다. 결국 경쟁업체의 도산은 남아 있는 기업들에게는 큰 호재로 다가올 수 있다.

2017년 11월에 광섬유와 광통신선을 납품하는 대한광통신(종목 코드 010170)에 투자한 적이 있었다. 2G, 3G 때까지는 구리선을 이용했지만,

대한광통신 – 턴어라운드 후 주가 흐름을 잘 파악해서 성공했던 투자 사례

자료: 네이버증권 차트

4,000원 부근에서 계속 매수를 했고, 결국 주가는 실적 기대감을 더해 단기간에 주가가 상승했다. 5,500원 부근에서 잘 매도했지만, 그 뒤로도 주가는 더 움직였다.

4G, 5G는 광통신선을 써야만 했다. 여기도 과거에는 글로벌 경쟁업체가 20개가 넘었다. 그러나 2015~2016년 치킨게임이 시작됐고, 광섬유 가격이 바닥으로 내려가면서 대부분의 업체가 실적 악화로 힘들어했다. 결국 그중 절반 정도인 10개 기업만 남게 되었고, 2017년에 치킨게임은 거의 마무리되는 시점이었다. 그때부터 중국 경기가 조금씩 살아나면서 4G(LTE) 수요가 늘어났다. 광섬유 가격은 강하게 반등하기 시작했고, 대한광통신도 실적이 크게 개선됐다. 향후 5G까지 성장 동력이 있었던 상황이어서 투자 방향성이 아주 좋았다.

적자 기업이 강하게 흑자 전환하면서 주가가 가파르게 상승했다. 필자는 4,300원에 매수해서 5,320원에 매도했고, 최종 23.7%의 수익률을 달성했다. 생각보다 빠르게 수익을 내고 나올 수 있었지만, 그 뒤로도 주가는 더 올라갔다. 이처럼 치킨게임이 끝난 시점에서는 그 업종과 산업을 공부해볼 필요가 있다. 공부를 해두면 이런 절호의 기회를 잡을 수 있다.

이것만 확실하다면,
호재에서 팔고 악재에서 사라

"요즘 판교가 뜬대."

"요즘 9호선 라인이 뜬대."

사람들은 이미 가격이 오른 뜨거운 투자 지역에만 관심을 가진다. 리스크를 점검하지도 않은 채, 달리는 말에 올라타고 본다. 이미 가격이 올랐는데 더 오를 수 있을까? 설사 오른다 해도 기대수익률은 괜찮을까? 이것저것 따져보고, 점검할 필요가 있다.

필자 역시 과거에는 뜨겁고, 막 오르고 있는 종목에 관심을 가졌다. 거래량이 활발한 주식이 좋았다. 이런 주식은 심장을 뛰게 했다. 막 올라가는 주가를 보면 나도 모르게 매수 버튼에 손이 갔다.

신기한 건 좋은 뉴스가 나와서 매수했는데 이상하게 주가가 내리기 시작하는 것이다. '아니, 이렇게 좋은 호재가 나왔는데도 주가가 내린다고?' 매번 이런 의문을 가지게 됐다. 한두 번이 아니었다. 좋은 호재거리가 나왔는데도 주가가 하락하는 게 이상했다. 이 상황이 반복되니 손실이 매우 컸다. 뭐가 잘못된 걸까?

주가의 위치에 따른 투자 심리의 변화

자료: 네이버증권 차트

주가의 차트를 보면 부담스러운 자리(매도 구간), 부담스럽지 않은 자리(매수 구간)를 보게 된다. 이미 많이 올라온 주식은 선뜻 매수하기가 어려워진다. 바닥에서 편안하게 매수하는 게 안정적이다.

이렇게 실패를 해본 투자자들은 이미 주가가 상단에 있고, 좋은 호재 뉴스가 나올 때 주가는 이미 꼭짓점이라는 것을 깨달았을 것이다. 하지만 이 원리를 모르는 투자자들은 주가의 고점 위에서 계속 사고 있고, 이미 알 만한 투자자들은 호재가 나왔을 때 팔기 시작한다. 고수들은 투자 기업이 충분히 호재가 나왔고, 향후 더 좋은 뉴스가 나오지 않는 이상 주가는 더 이상 상승하기 힘들다는 것을 알고 있다. 그래서 좋은 뉴스가 나올 때 매도하기 시작하는 것이다.

주가가 바닥 근처에 있다면 '더 이상 빠지기 힘들다'라는 심리적인 안정감이 있다. 물론 회사의 실적, 미래 전망 등의 파악이 우선이다. 하지만 주가가 이미 많이 올랐다면 '지금 들어가서 수익은 낼 수 있을까? 주가가 빠질 가능성도 높지 않을까?'라는 불안감이 존재하게 된다. 이게 선수들의 심리적인 부분이다.

주식을 매수할 때는 주가 위치가 부담되지 않아야 한다. 이미 올라왔다면 부담스럽다. 약간의 수익을 얻으려다가 큰 손실로 이어질 수 있기 때문이다. 필자는 오랫동안 주가가 바닥을 기고 있는 주식을 좋아하는 편이다. 뭐랄까, 기름기가 싹 빠진 느낌이다. 아무도 관심을 두고 있지 않은 상태이고, 이미 팔 사람들은 다 팔고 떠난 상태이다. 심지어 이 회사에 기대감도 없다. 하지만 이런 기업이 향후 올라갈 만한 내용이 있다면 서서히 매수하고 싶어진다. 그동안 매매했던 결과를 보면 주가가 바닥에서 오래 있었던 기업들이 안정적으로 수익을 안겨 주었다.

- 오랜 기간 동안 주가가 바닥에서 머무르고 있다(1~2년).
- 주가가 고점 대비 많이 빠진 상태이고, 모든 악재가 이미 반영되었다.
- 앞으로 좋아지는 이슈가 생기면 주가는 서서히 올라온다.

컴투스 – 매수하기 편한 지점과 구간

자료: 네이버증권 차트

월봉 차트로 큰 흐름을 보면, 현재 회사의 주가 위치를 확인해볼 수 있다. 컴투스도 검은색 동그라미 부근이 바닥 부근이라고 생각한다. 물론 회사의 성장성과 저평가 여부를 반드시 따져보고 접근해야 한다. 무조건 바닥이라고 좋은 건 아니다.

KG이니시스의 월봉 차트를 보면, 저점을 지지하고 올라왔던 흐름이 반복된다. 왜 빠졌고, 올라갔는지 꼭 분석해봐야 한다. 만약 일시적인 노이즈로 빠졌다면 좋은 매수 구간이다.

자료: 네이버증권 차트

좋은 주식을 좋은 가격에 사는 습관을 들여야 한다. 그래야 주식투자도 장기적으로 평생, 즐겁게 할 수 있다. 물론 때로는 뜻대로 움직이지 않아서 스트레스를 받을 수도 있다. 주식투자는 항상 변수가 생기기 마련이다. 주가가 고점일 때 변수가 생기면 주가는 큰 폭으로 하락할 가능성이 크다. 하지만 주가 위치가 바닥이라면 변수가 생겨도 주가는 소폭으로 내릴 가능성이 높다. 그래서 안정적으로 투자하기 위해서는 주가를 최대한 저점에서 사는 게 중요하다. 물론 주가가 무조건 바닥에 있다고 좋은 건 아니다. 분명히 좋아지는 이슈를 먼저 찾는 게 중요하다. 이것이 핵심이다.

주가의 위치가 바닥에 있으면 마음이 편해진다. 그만큼 투자의 안정성이 더해질 수 있기 때문이다. 하지만 바닥이라고 해서 무조건 매수해서는 안 된다. 앞서 계속 이야기했듯이 앞으로 좋아질 수 있는 기업에 투자해야 한다. 예를 들어 컴투스는 신작 기대감과 실망감으로 주가 등락이 반복됐다. 신작 출시 모멘텀이 생기면 올랐다가, 실적으로 이어지지 않으면 주가가 다시 크게 하락했다. 다만 본업(서머너즈워 게임)이 안정적으로 받쳐주는 부분이 있어서 PER과 PBR의 밴드 하단에서 주가가 바닥을 형성했다. 그리고 다시 신작 기대감으로 주가가 움직였다.

모든 지표를 다 동원해서 매매 결론을 도출해야 한다. 뭔가 꺼림칙하거나 애매하다면 패스하자. 내가 느끼기에 확실한 기업에 투자해야 한다. 물론 강한 확신으로 투자했더라도 실패할 수 있다. 그때는 실망감이 매우 클 것이다. 하지만 그것도 좋은 경험이다. 그런 실패 경험들이 나중에 큰 기회를 만들게 된다.

주가의 바닥 기간이 길수록 더 좋다. 주가가 더 내려갈 것이 없다는 뜻이기 때문이다. 그러다가 회사 실적이 조금씩 좋아진다면 주가는 크게 반등하기 시작한다. KG이니시스도 마찬가지로 주가의 상승과 하락이 반복됐다. 컴투스와 마찬가지로 회사의 본업(결제 수수료)이 튼튼해서 PER과 PBR의 밴드 하단에서는 주가가 바닥을 형성했다. 그러나 KG그룹사의 리스크가 주가의 발목을 잡았다. 2016년 KG로지스, 2019년 KG동부제철을 무리하게 인수하면서 그룹사 리스크로 확대됐다. 하지만 주가가 바닥을 다진 후에는 본업의 실적으로 크게 반등했다.

우리는 방향을 잘 잡고 투자해야 한다. 앞으로는 바닥에 있는 기업들을 골라서 투자하는 습관을 길러보자. 투자의 성공 확률도 높아지고, 수익률도 크게 좋아질 것이다.

매매 타이밍의
기준을 정해두어라

매수 타이밍 체크리스트

우리는 기업을 매수하기 전에 왜 이 주식을 사야 하는지 자문해볼 필요가 있다. 자신이 이 기업을 매수하는 이유를 모르면 당연히 언제 매도할지도 모르기 때문이다. 주식을 매수할 때 이런 부분은 꼭 확인하고 매수하자.

1. 현재 주가 위치가 부담되지 않은가?
   주가가 바닥 근처에 있을수록 매력이 높다.
   이미 많이 올랐다면 조금은 기다리자.

2. 투자할 만한 매력적인 기업인가?
   사업 모델이 이해하기 쉬운가?
   향후 사업이 매력적인가?

3. 주가는 미래 예상 실적 대비 저평가되어 있는가?
   미래 실적 대비 PER 밸류가 매력적인가? (참고: 업종, 경쟁업체, PER 밴드)
   PBR(안정성), ROE(효율성)도 괜찮은가?

4. 회사는 어떤 성장성을 가지고 있는가?

실적이 앞으로 더 좋아질 수 있는가?

어떤 성장 포인트를 가지고 있는가?

5. 미래 업황은 괜찮은가?

향후 미래에도 업황이 성장할 수 있는가?

지금은 아니더라도 차후 주목받을 수 있겠는가?

6. 모멘텀을 보유하고 있는가?

향후 주목받을 만한 이벤트가 있는가? (참고: 실적, 호재 뉴스)

모멘텀 일정이 명확히 잡혀 있는가? (참고: 신작 발표일, 신제품 소개 등)

7. 본업과 신사업은 괜찮은가?

본업이 괜찮은 기업을 선택하자.

신사업이 좋아지는 기업을 선택하자.

8. 경쟁업체 상황은 어떠한가?

블루오션 시장인가, 레드오션 시장인가?

경쟁업체 대비 우위에 있는가?

9. 투자 리스크는 없는가?

회사 이슈, 실적 문제, 수급 문제를 자세히 파악하자.

장기적인 하락 요인이 있다면 굳이 매수할 필요가 없다.

10. 추적 관찰할 부분과 투자 계획을 세웠는가?

회사의 추적 관찰 리스트(어떤 부분을 중심으로 관찰할지)를 적어보자.

'앞으로 어떻게 투자하겠다'라는 계획을 세워보자.

매도 타이밍 체크리스트

매수 포인트를 잘 잡았다면 매도 포인트는 쉬워진다. 기업을 추적 관찰하면서 매도 포인트를 잡을 수 있다.

1. 현재 주가가 매수가 대비 많이 올랐는가?
   주가가 바닥에서 많이 올라왔다면 부담이 된다.
   실적 없이 올라왔다면 주가는 다시 내려갈 확률이 높다.

2. 더 끌고 가도 될 만한 요소가 있는가?
   주가가 올랐음에도 더 올라갈 만한 이유가 있다면 가져가자.
   올라갈 만한 이유가 없다면 과감히 차익실현 혹은 손절매하자.

3. 주가는 미래 예상 실적 대비 적정 및 고평가되어 있는가?
   미래 실적 대비 PER 밸류가 적정 밸류에 왔는가? (참고: 업종, 경쟁업체, PER 밴드)
   주가가 올라왔음에도 실적이 계속 상승한다면 매력은 지속된다.

4. 회사는 성장성에 맞게 진행하고 있는가?
   매수했던 성장 포인트대로 방향성을 갖고 가는지 확인하자.
   실적도 계속 잘 나오는지 확인하자.

5. 여전히 업황은 괜찮은가?
   업황이 괜찮다면 계속 보유하자.
   호황의 꼭짓점이면 냉정하게 판단하고 대응하자.

6. 모멘텀은 문제 없는가?
   모멘텀 기간까지 예상대로 문제없이 잘 진행되고 있는가?
   모멘텀이 여전히 좋다면 계속 보유하자. 아니라면 다시 생각해보자.

7. 본업과 신사업 진행 상황은 어떠한가?

본업의 이익이 계속 나오는지 점검하자. 본업이 크게 빠지면 매도하자.

신사업의 이익 기여도가 어느 정도인지 점검해보자. 시간이 오래 걸릴 것으로 보인다면 매도하자.

8. 경쟁업체의 상황은 어떠한가?

새로운 공급업체가 계속 들어온다면 부정적으로 봐야 한다.

경쟁업체가 공격적인 태세를 취하면 부정적으로 봐야 한다.

9. 투자 리스크가 여전히 해결이 안 되는가?

회사 이슈가 계속적으로 안 좋게 흘러간다면 매도하는 게 좋다.

장기적인 실적 하락은 장기간의 주가 하락으로 이어진다.

10. 투자 계획대로 움직이는가?

투자 계획대로 움직이는지 확인하라. 그리고 문제가 있다면 확인하고 분석하라.

실적 중심으로 점검하라. 실적에 문제가 생기면 회사는 무너지기 쉽다.

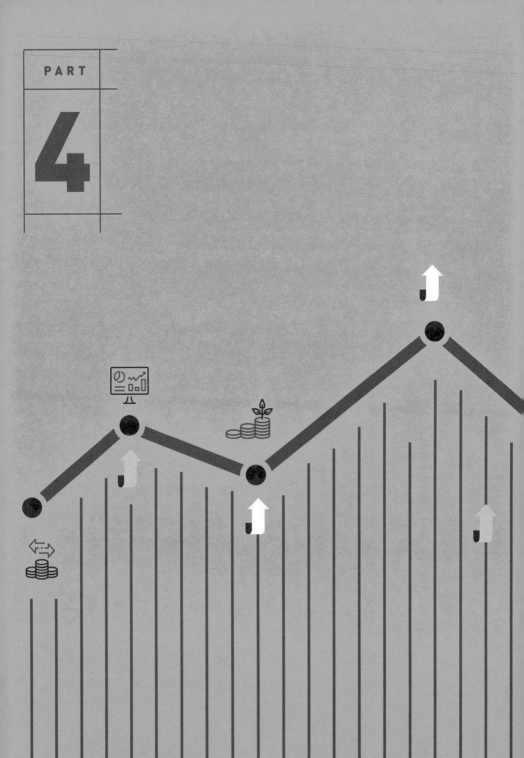

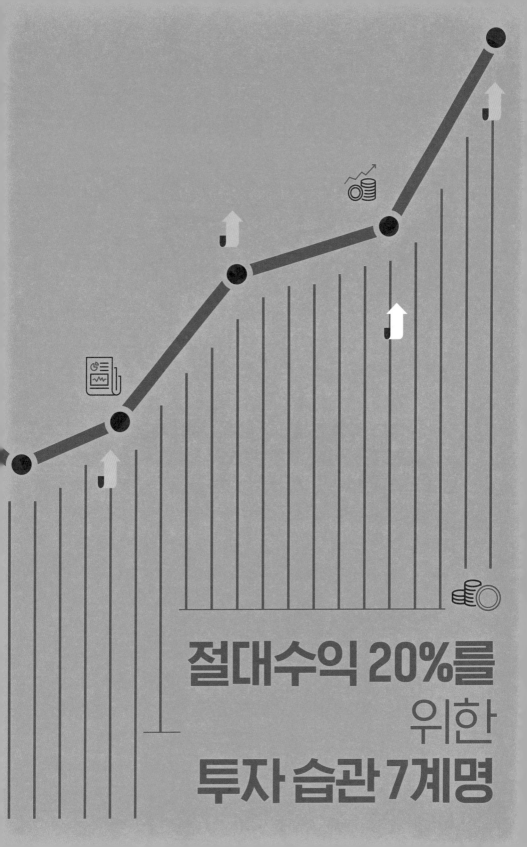

절대수익 20%를
위한
투자 습관 7계명

나무가 아니라 숲을 본다
산업 리포트 탐독

"나무만 보지 말고 숲을 봐라."

주식투자에서도 이 말이 필요할 때가 많다. 산업을 보게 되면 자연스럽게 기업을 알게 되고, 어떤 기업에 투자해야 하는지 힌트를 얻을 수 있다. 예를 들어 소비자들의 모바일 결제 사용이 지속적으로 증가해서 시장이 커진다면 어떤 기업이 좋아질까? 간편결제, 결제수수료업체, 결제대행업체, 택배사업, 골판지업체(택배 박스), 서버업체 등 다양한 산업이 수혜를 보게 된다. 이런 소비 형태 하나만으로 많은 업체가 수혜를 보고, 좋은 실적을 얻고 있다.

"투자 기업을 어떻게 찾아야 할지 모르겠어요. 어디서 찾아야 할까요?"

교육이나 특강을 할 때 가장 많이 듣는 질문이다. 필자도 초보 투자자였을 때, 가장 어려웠던 부분이 투자 기업을 어디서 찾아야 할지 몰랐다는 것이다. 투자 기업을 찾는 과정에서 거짓 정보를 듣고 투자한 경우도 많았다. 그렇다면 어디서 정보를 찾아보는 게 좋을까? 바로 산업 리포트다. 산업 리포트만 잘 읽어도 투자에 큰 도움이 될 수 있다.

한경컨센서스 - 각종 리포트를 확인할 수 있는 사이트

자료: 한경컨센서스

기업, 산업, 경제, 시장, 파생 리포트를 무료로 볼 수 있는 사이트다.

앞서 업황을 이야기하면서 '한경컨센서스' 사이트를 소개했는데, 애널리스트가 작성한 리포트 일부를 무료로 볼 수 있다. 이 사이트에서 기업, 산업, 경제, 시장 리포트 등 다양한 자료를 모두 보면 좋겠지만, 무엇보다 산업 리포트는 1순위로 꼭 봤으면 좋겠다. 당신의 투자 시야를 확 넓혀줄 것이다.

사이트에 들어가면, 위 그림과 같은 창이 뜬다. 그럼 산업 리포트를 클릭해보자. 산업 리포트가 평균적으로 매일 20~30개씩 업데이트된다. 오른쪽 끝에 첨부파일을 클릭하면 해당 내용이 펼쳐진다. 일단 자신이 가장 쉽게 읽을 수 있는 산업 섹터를 선택해서 읽어보자. 처음부터 이해가 되지 않는 내용을 먼저 보면 흥미가 떨어질 수 있다. 때문에 가장 쉽고, 관심 있는 분야부터 읽어나가면 좋다.

파일을 열어보면 산업 리포트를 확인할 수 있다. 리포트에는 최근에 일어난 이슈 점검, 트렌드 분석, 다양한 패러다임, 미래 기술력 소개 등 산업을 포괄적으로 다루는 내용이 많다. 마치 다양한 책을 읽는 기분이 든다.

산업 리포트 – 업황의 흐름을 통해 투자 힌트를 얻을 수 있다

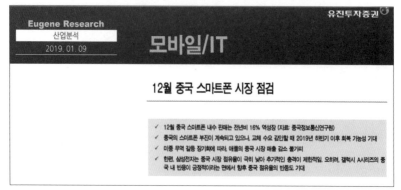

자료: 유진투자증권 리포트

산업 리포트를 보면, 업황의 흐름과 분위기를 알아낼 수 있다. 향후 좋아질 수 있는 정보와 힌트를 얻는다면 투자 기회로 삼을 수 있다. 다양한 시각을 보기 위해서는 산업 리포트 위주로 읽는 것이 좋다.

이런 내용을 통해 투자를 위한 정말 좋은 힌트를 얻어낼 수 있다. '앞으로 이 산업군이 좋아지면, 이런 기업들이 수혜를 보겠구나'라는 생각이 떠오를 것이다. 예를 들어, 중국 스마트폰 관련 리포트를 보면서도 '중국 스마트폰이 부진해지고 있으니, 이와 관련된 기업들은 무역 갈등 해소 여부 이후에 봐야겠구나'라는 생각을 가질 수 있다.

기업 리포트보다 산업 리포트를 봐야 하는 이유는 넓은 범위로 접근할 수 있기 때문이다. 기업만 보게 되면 투자 시야가 좁아지고, 다양한 투자 기회를 놓칠 수 있다. 또한 애널리스트는 의무적으로 다루는 기업들이 있고, 관련 리포트를 쓰게 된다. 그러다 보니 별로 매력이 없는 기업인데도 투자 전망을 좋게 쓰는 경우도 있다. 또한 자주 읽다 보면 기업 리포트는 가끔 형식적으로 보일 때가 많았다. 그래서 기업 리포트보다는 산업 리포

나스미디어 – 산업 리포트를 보고 도움을 받았던 실전 성공 투자 사례

모바일 광고에 대한 산업 리포트를 읽고 나스미디어를 5만 원 부근에서 매수했다. 실적이 개선되고, 업황이 더 좋아지자 주가는 오르기 시작했고, 5만 7,000원에 매도할 수 있었다.

트를 많이 보는 것이 좋다. 그게 훨씬 더 도움이 된다.

2017년 8월 22일에 나스미디어를 매수했었다. 당시 산업 리포트에서 하반기에 모바일 광고 성장이 뚜렷해질 것이라는 내용을 보았다. TV 광고를 포함해 전통 매체 트래픽은 점점 감소하고 있고, 모바일 수요가 지속해서 성장한다고 분석하고 있었다. 특히 평창올림픽 이슈도 있어서 광고 수요가 더 늘어날 것 같다는 분석이었다. 산업 리포트를 자세히 읽으면서 모바일 광고에서 시장점유율 1위인 나스미디어를 좋게 생각하게 됐고, 투자까지 진행하였다. 8월 22일에 5만 400원에 매수했고, 여유 있게 기다렸다. 주가는 두 달 만에 16% 이상 상승했고, 짧게 수익을 내고 매도했다. 하지만 그 뒤로 주가는 지상파 파업과 평창올림픽 수혜로 9만 원까지 올라갔다. 이처럼 산업 리포트에서 투자 힌트를 얻고, 실제 투자까지 연결했을 때 투자 결과는 대부분 좋았다.

산업 리포트를 하루에 한 개씩이라도 읽어보자. 습관이 되어야 한다. 필자 역시 투자 시야를 가장 빠르게 넓힐 수 있었던 것도 산업 리포트를 많이 읽었기 때문이다. 일명 슈퍼 개미 정채진 투자자도 "개별 리포트는 안 보고 산업 리포트만 봅니다"라고 말했다. 나뿐만 아니라 많은 투자자가 산업 리포트를 읽으면서 도움을 받고 있다. 애널리스트가 직접 발품 팔아 만들어내는 정보를 이렇게 볼 수 있다는 것에 감사함을 느낀다. 지금 당장 사이트를 검색해서 하나씩 읽어보자!

상황에 반응하는 여러 생각을 살핀다
인터넷 카페 탐방

주식투자를 할 때, 내가 발품 팔은 정보로만 진행하기에는 시간적·금전적으로 한계가 있다. 이때 다른 사람이 찾은 발품 정보도 함께 활용한다면 기업분석을 하는 시간을 절약할 수 있다. 한 가지 방법은 네이버 카페의 글을 활용하는 것이다. 검색창에 기업명을 입력하면 수많은 카페 글이 검색되고, 하나씩 읽어나가면서 원하는 정보를 찾아가면 된다.

만약 글을 봤을 때 도움이 되고, 지속해서 보고 싶을 때는 카페에 가입하면 투자 관련 글을 계속 확인할 수 있다. 다른 사람이 노력해서 찾은 정보를 손쉽게 얻는 것처럼 생각할 수 있지만, 검색도 습관이고 실력이다. 고마움의 표시는 댓글이나 글로 표현하면 된다. 필자는 투자 기업을 검색할 때는 카페 글을 많이 활용하여 공부한다. 내공이 느껴지는 글을 볼 때마다 많이 배우고, 글을 써주신 분께 감사를 드린다. 좋은 정보를 얻을 수 있는 것도 꾸준한 노력이 있어야만 가능하다.

투자 카페 활용법

필자는 여러 주식 카페에서 활동하지 않고, 도움이 되는 공간을 찾으려고 노력한다. 자주 찾아가는 카페는 가치투자연구소(https://cafe.naver.com/vilab)와 난투주식투자(https://cafe.naver.com/stockstudy300) 카페다. 가치투자연구소는 다양한 사람들이 투자 정보를 서로 교환하는 카페이고, 난투주식투자는 필자가 운영하는 카페다. 이곳에서는 기업의 실적과 향후 가치를 보고 투자할 수 있도록 정보를 제공하고 공유한다. 기업분석 메뉴에서는 직접 모은 자료를 수집해서 리포트를 쓰고 카페 회원들에게 공유하고 있다. IR, 리포트, 기사, 뉴스, 다른 투자자 의견 등을 종합해서 리포트를 만들어내고 있다. 향후 이 메뉴를 더 활성화해서, 투자자들이 다양한 기업을 다양한 시각으로 볼 수 있도록 최대한 활성화할 예정이다.

투자 기업 주주 카페

그 외에 투자하는 기업의 주주 카페에 들어가 본다. 혹시나 내가 놓치는 내용은 없는지, 주주들의 생각은 어떤지 비교할 수 있고, 생각을 들어볼 수 있는 공간이다. 주주 카페가 없는 투자 기업도 있지만, 있다면 가입해서 활동해보자.

필자는 2018~2019년에 LG전자에 투자했었다. 그리고 LG전자와 연관된 신성델타테크(종목 코드 065350)도 동시에 투자했었다. 그러다 보니 카페를 활용한 기업 트래킹에 더욱 집중하게 되었다. 가지고 있는 정보는 충분했지만, 다른 사람들의 의견을 들어보고 싶었다. 특히 주주 카페는 주주들이 직접 글을 올리는데 기사, 리포트, 업계 현황, 회사 직원 이야기 등을 다

난투주식투자카페 – 기업분석 리포트

투자지표&종합결론

투자등급

업황: ★★★★☆(18점), 분위기, 성장성, 정부지원

실적: ★★★★☆(18점), 저평가, PER

성장: ★★★★☆(18점), 실적 증가, 영업이익률 증가

사업: ★★★★☆(16점), 다양성, 안정성, 추진력

경쟁: ★★★★☆(8점), 경쟁업체 대비 우위

기술: ★★★★☆(8점), 주가 위치, 기술적 접근, 수급

총점: S–등급, 86점

100점~96점(S+) 95점~91점(S) 90점~86점(S–), 적극매수, 매수

85점~81점(A+) 80점~76점(A) 75점~71점(A–), 분할매수, 중립

70점~66점(B+) 65점~61점(B) 60점~56점(B–), 중립, 매도

55점~51점(C+) 50점~46점(C) 45점~41점(C–), 공부차원의 기업

40점~00점(F) 공부 차원의 기업

투자의견: 적극매수[매도 / 분할매도 / 중립 / 분할매수 / 매수 / 적극매수]

목표주가: 19년 타겟 PER 13 기준 23,000원(주가 상승률 35% 기대), 내년 세틀 상장전까지

　　　　　　본업 150억 -> 적정 시총 1,500억(PER 10)

　　　　　　세틀 60억 -> 적정 시총 1,200억(PER 20)

종합의견:

안정적인 캐시카우와(통신부가서비스)+세틀뱅크의 성장을 기대하고 있는 상황입니다. 가장 큰 투자포인트는 세틀뱅크이지 않을까 싶습니다. 하지만 관련 사업을 다각화 하지 못하는 부분은 아쉬운 부분입니다. 유산균 업체 지분을 계속 늘리면서 투자 심리를 불안하게 하고 있습니다. 혹시나 적자가 더 커지면 어떻게 될까, 고민되는 부분도 있습니다. 최근 주가가 많이 빠져서 이런 부분을 반영하지 않았을까 싶습니다. 지금 주가는 PER밴드 하단이어서 부담없다고 생각합니다. 내년 세틀뱅크 상장까지 가져가보면 어떨까 싶습니다. 투자에 참고하시길 바랍니다.

자료: 에임하이파트너스 기업분석

다른 사람의 기업분석 리포트를 자주 보면서 시야를 넓혀나가야 한다. 난투주식투자 카페에서는 이와 같은 기업분석 리포트를 볼 수 있다.

LG전자 - 주주 카페를 활용해서 투자 정보를 얻었던 성공 투자 사례

자료: 네이버증권 차트

LG전자 주식을 분할매수 및 추가매수했다. LG전자 주주카페를 활용하면서 더 많은 정보를 얻었고, 수익은 크지 않았지만 원하는 7만 8,000원에 매도할 수 있었다.

양하게 볼 수 있다는 장점이 있다. 필자 또한 다양한 글들을 보고 투자에 큰 도움을 받았다.

당시 LG전자를 7만 6,000원에서 6만 원까지 분할매수를 했다. 평균단가는 7만 1,000원이었다. 필자가 최초 매수했을 때 LG그룹 구 회장의 상속 리스크에 대한 부분이 반영된 줄 알았다. 하지만 그 뒤로도 휴대폰 사업부 위기, 전장 사업부 적자 지속, 시장 하락 등의 안 좋은 이슈로 계속 주가는 계속해서 내려갔다. 투자 기업에 확신이 있다면 주가가 내려갈 때마다 추가매수한다. LG전자도 지속해서 추가매수했다. 시간이 조금 흐르니 악재들이 서서히 해결되거나 사라지고, 주가가 다시 반등하기 시작했다. 그리고 가전 사업부와 TV, 본업이 잘 해주어서 주가의 흐름도 매우 좋았다.

최초에 생각했던 목표주가는 9만 원 이상(PER 11배)이었지만, 신성델타테크(LG전자 납품회사)에도 투자하고 있던 상황이라 투자 포트폴리오에 부담이 있었다. 결국 미세먼지 수혜와 2019년 1분기 호실적으로 주가가 7만 8,000원까지 올라왔을 때 매도했다. 투자 과정에서 다소 힘겨움이 있었지만 그래도 10%의 수익으로 잘 마무리했다. LG전자를 투자하면서 다양한 방법으로 추적 관찰했지만, LG전자 주주 카페가 투자에 확실히 많은 도움이 되었다.

실력자들의 통찰을 살핀다
블로그 탐방

블로그를 활용하는 이유는 어떤 기업과 이슈에 대해 다른 투자자들은 어떻게 생각하는지 궁금할 때다. 특정 기업에 투자할 때 그 기업을 검색하면서 블로그 글을 찾아본다. 그리고 전문성이 느껴지거나 투자에 도움이 될 것 같으면 이웃을 추가해서 투자 의견을 참고한다. 다음은 도움이 될 만한 블로그들이다. 혹시 괜찮으면 이웃으로 추가해보길 바란다.

• **와이민 블로그(투자 방향**, https://blog.naver.com/yminsong)
    하나금융투자의 자동차 섹터 담당 송선재 애널리스트다. 이 블로그는 파워 블로그답게 거의 매일 글이 올라온다. 주식투자 내용도 있지만, 부동산 투자 내용도 같이 다루고 있다. 주식투자 방향성을 올바르게 제시하고 있다고 생각한다. 기업을 바라보는 관점이나 투자에 대한 냉철한 부분까지 세심하게 일러주고 있다. 특히 재미있게 읽었던 것은 처남에게 재테크를 가르치는 내용이었다. 초보 투자자에게 어떤 마음을 가지고 임해야 하는지, 투자를 위한 준비 방법을 A-Z까지 쉽게 구체적으로 설명해주고 있다.

초보뿐만 아니라 투자자에게도 도움이 될 만한 내용을 다방면으로 다루고 있어서 좋다. 어느 한쪽으로 의견이 치우치기보다는 다양한 해석을 할 수 있도록 글의 여지를 남겨둔다.

• 재콩의 블로그(업황 흐름, https://blog.naver.com/jakojako)

우연히 투자 기업을 검색하다 내용에 깊이가 있어서 이웃을 추가하게 됐다. 재콩의 블로그에는 주로 업황의 전반적인 흐름을 짚어주고, 특정 기업을 데이터와 숫자를 가지고 요목조목 따지면서 분석한다. 그리고 애널리스트 리포트도 쉽게 설명해줘서 읽기에도 편하다. 어느 한쪽으로 치우치지 않고, 다양한 업황을 다루고 이야기한다. 이런 블로그가 좋다. 선입견을 갖고 무조건 특정 업황만 보겠다는 것은 좋지 않은 투자 자세이다.

물론 필자도 리포트를 많이 보는 편이지만, 다른 사람들은 이 리포트에 대해서 어떻게 생각하는지 궁금했다. 그래서 꾸준하게 재콩의 블로그를 보게 됐다. 특히 화장품주 중에서 한국화장품, 클리오(종목코드 237880)에 투자할 때 재콩이 제시한 화장품 업황 지표를 많이 참고했다. 물론 그 안에는 애널리스트 자료도 많았다. 특히 마지막에 정리 글과 한 줄 평을 써주는데 사이다 같은 느낌이 들었다. 여러 가지 업황을 공부하는 데 도움이 많이 되는 블로그다.

• 승도리의 블로그(기업분석, https://blog.naver.com/sungdory)

승도리는 피터 린치를 투자 모델로 생각하고 투자하는데, 필자와 비슷하다. 기업분석에 깊이가 있고, 투자에 도움이 될 만한 내용이 많다. 어떠한 투자든 논리적으로 접근한다. 근거와 자료가 뒷받침돼야 하고, 억지 주장은 싫어한다. 블로그를 보다 보면 좋은 기업들을 많이 소개한다. 그 기업을 투자하는 이유, 자신의 생각 등을 곁들여서 재미있게 글을 쓴다.

필자가 특히 투자에 도움을 받았던 부분은 향후 트렌드에 관해서 이야기를 할 때다. '2019년에는 어떤 분야가 트렌드가 될 것 같다, 2020년에는 5G, 도쿄올림픽 등 다양한 이슈 거리가 있는데 그 안에서 투자 기업을 찾아야 한다.' 블로그를 보다 보면 뜻하지 않게 좋은 기업을 만날 수 있다. 그렇기 때문에 자료를 많이 읽고, 스스로 생각해봐야 한다. 승도리의 블로그는 다양한 기업을 공부할 수 있고, 투자에 도움이 많이 된다.

• 대승파파의 블로그(투자 방법, https://blog.naver.com/park11777)

대승파파는 스터디 모임에서 처음 만났고, 지금까지 같이 기업분석을 하면서 좋은 인연을 쌓아가고 있다. 블로그에서도 열심히 활동 중인데 내용이 모두 좋다. 특히 다양한 책을 읽으면서 투자 실력을 키워나갔다. 차분하게 투자하는 편이어서 기업을 선정할 때 신중하게 결정한다. 3년간 옆에서 지켜봐왔는데, 투자를 잘하는 사람이다. 다나와(종목코드 119860), 네오팜(종목코드 092730), 대웅제약(종목코드 069620), 와이지원(종목코드 019210), 메지온(종목코드 140410) 등 다양한 기업들에 투자하면서 좋은 수익률을 거뒀다. 급하게 매매하지도 않고, 회사가 좋아지면 계속 보유하는 스타일이다. 블로그에도 그런 투자 기업들이 언급되어 있고, 왜 투자하고 있는지도 자세하게 설명하고 있다.

2016년에 분석한 다나와는 성장성 있는 기업이고, 가격 비교 사이트에서 인기가 좋다. 다나와는 여러 번 매매했고, 이 기업에서 많은 수익을 거뒀다. 이렇게 좋은 기업 하나만 알아내도 큰 수익으로 이어질 수 있다.

다나와 – 대승파파의 기업분석을 보고 좋은 수익을 얻었던 투자 사례

자료: 네이버증권 차트

대승파파는 2016년에 다나와를 분석하면서 스터디 때 발표했었다. '샀다 팔았다'를 계속 반복하면서 수익을 극대화했다. 장기적으로 비전이 좋은 기업들은 지속적으로 매매하면서 수익률을 높여나갈 수 있다.

블로그를 보다 보면 그냥 저 사람이 잘해서 무턱대고 믿고 투자하는 투자자들이 많다. 하지만 그건 정말 잘못된 습관이다. 내가 스스로 무기를 만들어나가야 하는데 자꾸 남의 무기를 빌려와서 그대로 쓴다면 나중에 자생하지 못한다. 블로그를 보고 괜찮은 기업을 발견했다면 스스로 다시 분석해보고 필터링해봐야 한다. 그래야 내 것으로 만들어낼 수 있다.

카페와 블로그 검색은 습관이고, 실력이다. 투자 기업 정보를 얻기 위해서는 부단히 발품을 팔아야 한다. 다른 사람의 의견을 소중히 얻고, 투자에 참고한다면 큰 도움이 될 수 있다.

트렌디하고 디테일한 정보를 얻는다
유튜브 탐방

"아직도 검색하면서 정보 얻니? 나는 유튜브로 해결하는데…."

요즘 유튜브로 정보를 찾고 해결하는 사람들이 많이 늘었다. 과거에는 검색을 기반으로 '글' 정보를 찾아서 확인했다면, 이제는 동영상으로 투자 관련 정보 노하우를 얻는다. 그뿐만 아니라 투자자들은 팟캐스트, TV 프로그램 다시 보기 등 다양한 매체에서 정보를 찾고 있다. 글만 보는 것보다는 정보에 대해 더 쉽고 빠르게 이해할 수 있기 때문에 선호도가 점점 높아지고 있다. 필자 또한 이런 매체를 잘 활용하고 있다.

유튜브 활용 방법

하루에도 수많은 동영상이 올라온다. 우리는 도움이 될 만한 채널을 구독하면서 필요한 정보를 수집해나갈 필요가 있다. 블로그가 이웃이라면, 유튜브는 구독이라고 생각하면 된다. 구독을 누르면 구독한 채널의 업데이트 내용을 계속 확인할 수 있다. 유튜브도 마찬가지로 투자 아이디어, 투자 정보, 쉽게 설명해주는 강의 등으로 활용하면 좋다.

• 알머리제이슨(구독 2만)

인사이트가 높은 유튜브 채널이다. 동영상을 10분 이내로 찍으면서, 필요한 정보만 잘 이야기해주고 있다. 특히 초보 투자자나 입문하는 투자자들은 이 영상을 보면 투자관을 잡는 데 큰 도움이 될 것이다. 제이슨은 스터디 참여를 통해서 인사이트를 많이 얻은 느낌이다. 사업 보고서 보는 방법, 포트폴리오 운영 방법, 투자에 접근하는 방법 등 주식투자를 하면서 챙겨야 하는 내용을 담고 있다.

이 채널을 보면서 가장 마음에 들었던 것은 '꾸준하게 하라'다. 특히 제이슨은 신문이나 리포트를 매일 아침 1~2시간씩 읽어내는 훈련을 진행 중이다. 1년 동안 훈련해보면 스스로 많이 성장해 있는 것을 느낄 것이다. 필자도 현재 이 훈련을 5년째 계속하고 있다. 물론 중간중간 못할 때도 있지만 최대한 스스로의 약속을 지키기 위해서 노력 중이다. 아침 1시간 동안 종이 신문을 읽고, 30분 정도는 산업 리포트를 읽고 있다. 초반에는 정말 힘들었다. 하지만 시간이 지나고 내가 성장한 모습을 보면서 꼭 해야 한다는 것을 느낀다. 영상 편집도 좋고 내용도 좋고 올바른 방향을 제시해주어서 많은 도움이 된다.

• Gadget Seoul(가젯서울, 구독 7만)

IT 관련 전문 채널이다. 깊이 있는 정보를 쉽게 설명해줘서 IT 투자에 큰 도움이 된다. 삼성전자, LG전자, 애플, 샤오미, 화웨이 등 대형 IT 기업들의 정보를 다양한 방면으로 해석해주는 것이 이 채널의 장점이다. 그리고 어떠한 이슈에 대해서도 요목조목 따져보면서 비판하고, 올바른 정보를 전달하려고 노력한다.

필자는 LG전자에 투자할 때 도움을 받았다. LG전자에 대한 투자 방향, 신제품 반응 등 다양한 관점에서 이야기해주었다. 특히 영상이나 자막 모두 깔끔해서 집중도를 높인다. 투자 관점으로 접근하지 않고 객관적인 자료를 바탕으로 풀어가 신뢰도가 높은 채널이다. 만약 삼성전자, SK하이닉스 등 반도체, 휴대폰, 디스플레이업체에 투자할 생각이라면 이 채널을 구독해보길 바란다. 필자 또한 향후 반도체, 폴더블폰, OLED 쪽에 관심이 많기 때문에 지속해서 참고할 예정이다.

• 냉철TV(구독 1만)

조금 재미있는 영상을 원하는가? 대화하듯이 자연스러운 영상을 원하는가? 거기에 실력까지 있다면? 냉철TV의 콘텐츠는 실전 주식투자를 다루며 시청자와 대화하듯이 구성한다. 영상에 지루함이 없다. 주식에 필요한 마인드, 주식투자 과정 등 투자자들에게 필요한 부분을 잘 알려주고 있다. 요즘 인기가 많아져서 구독자 수도 계속해서 늘어나고 있다.

재미있는 영상 중 '주식 책 뭐 읽어야 하나요?'라는 주제로 이야기하는 것이 있는데, 책이 중요한 게 아니라고 말한다. 책은 읽어도 되고, 읽지 않아도 된다는 것이다. 주식투자는 UFC(격투기)와 비슷한데, 선수 한 명이 "저 격투기 관련 책 100권 읽었어요."라고 말한다면, 이게 무슨 소용인가? 이론으로 배웠다고 실전에서 잘할 수 있는 게 아니다. 직접 싸워보고 깨져봐야 어떤 것을 준비할지 알 수 있는 것이다. 그렇게 깨지고 나면 스스로 검색도 해보고, 사업 보고서도 보게 되고, 리포트도 보게 되고, 결국 실전 경험을 통해서 느낄 수 있다는 것이다. 하지만 필자는 가능하면 주식투자와 공부의 방향성을 어느 정도 알고 실전투자를 진행하는 게 맞다고 생각한다. 필자는 방향성을 모르고 투자를 시작했다가 초반에 큰 손실을 봤다. 그리고 주식 관련 도서들을 통해서 전화위복할 수 있었다. 아무튼 재미있고 편안하게 볼 수 있다.

• 난투주식투자TV(구독 7,800)

필자가 직접 운영하는 유튜브 채널이다. 주식 시황, 기업분석, 주식 기초 강의, 주식투자 노하우 등 다양한 주제를 가지고 이야기한다. 깊이 있는 정보 제공을 위해 노력하고 있다. 그리고 시장에서 발생하는 이슈에 대해서 빠르게 해석하고 전달한다.

• 후랭이TV(구독 4만)

주식, 부동산 재테크 채널이다. 업계에 실력 있는 사람들과 인터뷰를 진행해 다양한 주제를 다룬다. 주로 부동산에 대한 이야기가 많지만 향후 주식 관련 영상들도 업로드될 것으로 보인다. 특히 후랭이는 직접 재테크 분야 강의도 많이 듣고, 발품을 많이 파는 스타일이어서 향후 채널이 더 기대된다. 특히 부동산 분야에도 관심이 많다면 꼭 구독해보길 바란다.

• 제이의 투자노트(구독 9,800)

주식투자 방법을 누군가 족집게처럼 찍어주면 얼마나 좋을까? 소희아빠는 전업투자자이고, 주식투자의 방향을 명확하게 집어준다. 이야기하는 게 시원해서 보는 사람마저 속이 시원하다. 앞으로 어떻게 투자해야 할지 모르겠다면 이 채널을 강력히 추천한다.

• 소소하게크게(구독 2만)

회계사 출신이자 전업투자자다. 영상을 보기 쉽게 편집하여 지루하지 않다. 정말 부지런히 열심히 발품 파는 스타일이다. 자신만의 투자 철학으로 이야기를 전달하는데, 공감되는 내용이 많다.

• 사경인TV

회계사 출신으로 증권사 직원들에게 주로 교육을 진행하고 있다. 투자 기업의 공시, 재무제표 등을 확인하면서 사실 정보를 다룬다. 또한 투자에 대한 매력이 있는지도 숫자와 데이터를 가지고 점검한다. 설명도 쉽게 해주고 있어서 주식투자에 큰 도움이 될 것이다.

• 상승미소(구독 6만)

주로 경제, 주식, 부동산시장에 대해 설명을 잘 해주고 있다. 충실하게 자료를 준비하고 올려서 투자 정보를 얻는 데 큰 도움이 된다. 국내 시황뿐만 아니라 세계 시황까지도 자료를 바탕으로 세심하게 설명해준다. 다양한 시각을 기르기에 좋은 채널이다.

• 김철광(구독 1만)

주식투자 이야기를 꾸밈없이, 격식 없이 진행하는 방송이라면 어떨까? 필명 '바람의 숲'으로 익히 알려진 김철광 투자자가 운영하는 채널이다. 기업을 깊이 있게 분석하고, 독서토론 등을 통해 투자 인사이트를 길러준다. 기업 분석방법과 종목 접근법을 제대로 알고 싶다면 이 채널을 살펴보길 바란다.

• 레인메이커Rainmaker(구독 1만)

교육적인 색채가 강한 주식 채널이다. 시종일관 방송을 진지한 자세로 진행한다. 그만큼 올바른 정보를 전달하기 위해서 신중하게 분석하고 진중하게 전하기 위해 애쓰는 채널이다. 재무제표, 기업분석, 산업분석, 주식투자의 태도 등 다양하고 깊이 있는 내용의 콘텐츠가 풍성하다. 주식투자의 기본 원칙과 태도를 알려주고 있어 신뢰가 가는 채널이다. 이런 양질의 콘텐츠를 무료로 들을 수 있다는 것이 고마울 따름이다.

시장과 종목의 본질을 살핀다
팟캐스트, TV 탐방

팟빵(팟캐스트) 활용 방법

앱스토어에 팟빵을 검색하면 앱을 내려받을 수 있다. 팟빵의 형식은 라디오 형식의 녹음파일이라고 생각하면 된다. 대화 형식으로 풀어내는 경우가 많아서 흥미도 있고, 재미 요소도 있다. 주로 이동할 때나 무언가를 틀어놓고 귀로 공부하고 싶을 때는 팟빵을 추천한다.

• 신과함께

김동환, 이진우, 정영진이 함께 진행하는 경제 분야 팟빵이다. 주로 주식과 관련된 내용이 많고, 투자 철학, 투자 방향, 주식 고수 노하우 등 다양한 부분을 다룬다. 특히 그와 관련된 전문가를 초대해 인터뷰를 진행하는데 투자 노하우를 배울 수 있어서 좋다. 편하게 들어보면 나도 모르게 지식이 쌓이는 것을 느끼고, 투자에 활용하는 데 하나의 소스가 될 수 있다.

'신과함께' 내용 중에서 '정채진의 전업투자자 이야기'를 감명 깊게 들었다. 다음은 정채진 투자자의 투자 방법이다.

- 주가가 고점 대비 많이 내려간 기업을 눈여겨본다.
- 그 기간이 길수록 더 좋다. 주가가 바닥에 있는 기업을 선호한다.
- 실적 발표 시즌에 모든 기업 보고서를 본다.
- 실적이 잘 나온 기업을 필터링한다. 전년 대비 성장 기업 혹은 턴어라운드한 기업을 위주로 본다.
- 실적이 왜 잘 나왔는지 분석한다. 이유를 모르겠다면 회사에 전화해서 확인한다.
- 향후 장기 성장이 가능하다면 투자한다.

TV 활용 방법

TV는 드라마 제작사나 엔터테인먼트 주식에 투자할 때 모니터링으로 활용한다. 드라마가 재미있거나, 어느 가수가 흥행한다면 예의주시하며 지켜보면서 투자로 연결한다. 또한 경제 프로그램을 활용해서는 요즘 트렌드나 각 분야 전문가의 생각을 들어본다. TV를 통해 투자의 좋은 아이디어를 얻게 되면 관련 기업을 검색하고 분석한다.

- **SBS 스페셜(트렌드 분석)**
일요일 밤 11시, 늦은 밤에 진행하는 프로그램이다. 주로 사회적·경제적

메가스터디교육 - 사교육 시장의 꾸준함으로 주가 상승

자료: 네이버증권 차트

〈SBS 스페셜〉 경제 프로그램을 보고 투자 힌트를 얻었다. 특히 사교육 편에서는 지속적인 성장이 가능하다는 판단을 했고, 시장점유율 선점업체라면 더 유리한 구조라는 것을 깨달았다. 중고등학교 사교육 1위인 메가스터디교육은 계속 관심 있게 지켜봤고, 주가도 꾸준하게 올라가는 모습을 확인할 수 있었다.

메가스터디교육 - 실적이 지속적으로 좋아지는 모습

주요재무정보	최근 연간 실적			
	2016.12	2017.12	2018.12	2019.12 (E)
	IFRS 연결	IFRS 연결	IFRS 연결	IFRS 연결
매출액(억원)	1,745	2,521	3,569	4,212
영업이익(억원)	35	144	482	626
당기순이익(억원)	30	108	428	522

자료: 네이버증권 재무제표

사교육 시장에서 점점 더 점유율을 높여나가면서 회사 실적도 계속해서 좋아졌다.

이슈를 다루면서 깊이 있는 내용을 전달한다. 하나의 현상에 대해 다양한 시각으로 풀어내는데, 많은 생각을 하게 하는 프로그램이다. 투자에 직접 도움이 될 때도 있지만, 다양한 시사 상식을 키워주는 데 안성맞춤이다. 결혼에 대한 생각, 트럼프의 전술, 집 구매 시기, 비트코인의 진실 등 현재 주목받고 있는 트렌드를 분석하면서 사회적 관심 분야를 알 수 있다. 특히 인터뷰를 통해서 현재 사람들의 심리를 읽어낼 수 있었고, 환희와 공포를 느낄 수 있었다. 투자에서는 심리적인 부분도 매우 중요하기 때문에 현재의 트렌드를 읽어내는 데 도움이 된다.

SBS 홈페이지를 가면 지난 회차도 무료로 볼 수 있다. 특히 사교육을 다룬 내용이 있는데 그 방송을 보고 우리나라 사교육은 죽기 힘들다는 것을 느꼈다. 그리고 앞으로 '메가스터디교육(종목코드 215200)이 계속 실적이 잘 나오겠구나'라는 생각을 하게 됐다. 아쉽게도 실제 투자로 연결하지는 못했지만, 주가는 고공행진하고 있다.

출산율이 낮아지면서 인구는 줄어들고 있지만, 맞벌이 부부가 늘어나다 보니 아이를 유치원이나 학교가 끝난 후 학원으로 보내는 패턴이 늘어나고 있다. 따라서 향후 몇 년간은 사교육이 죽기 힘들다는 판단을 했다. 이처럼 방송을 통해 트렌드를 읽어낸다면, 투자로 연결시킬 수 있다.

정보를 얻는 방법은 한 가지만 있는 게 아니다. 투자자는 다양한 방법으로 정보를 찾아나가야 한다. 마치 숨어 있는 퍼즐 조각을 하나씩 찾으면서 퍼즐을 완성시켜나가는 것처럼 말이다. 모든 정보를 다 찾을 수는 없겠지만, 최대한 적극적으로 정보를 모으면 투자의 성공 확률을 높일 수 있다.

배우면서 투자하라
강의, 강연, 세미나

4~5년간 투자 실패를 경험할 때 잘못된 투자라고 지적해주는 사람이 아무도 없었다. 물론 그때의 실패 과정이 있었기 때문에 지금의 내가 있는 것이지만, 만약 버텨내지 못했다면 삶의 방향은 완전히 달라졌을 것이다. 가끔은 이런 생각을 한다. '누군가 옆에서 올바른 투자 방향을 제시해줬다면 더 빠르게 성장할 수 있지 않았을까?' 현란한 기술적 분석과 단타 매매가 아닌, 기업의 성장과 실적을 바탕으로 투자해야 한다는 것을 미리 깨달았다면 시간을 단축할 수 있었을 것이다.

일과 중에 온종일 HTS를 쳐다보고, 스마트폰으로 계속 매매하는 것이 투자라고 할 수 있을까? 일도 편안히 하고, 잠도 편히 잘 수 있을 만한 기업에 투자하는 게 맞지 않을까? 결국 투자는 가치 있는 기업에 투자해서 기다리는 것이라고 생각한다. 그래서 처음 투자를 배울 때 제대로, 잘 배워야 한다. 처음에 잘못 배우면 필자처럼 큰 실패를 하고, 황금 같은 시간을 낭비할 수 있다. 처음부터 올바른 방향으로 잘 배우고 정립해야 한다.

필자가 교육 강의를 진행하는 이유는 가르치는 것을 좋아하기 때문이기

주식공부 리스트

공시	사업 보고서	재무제표	투자지표	실적
호재와 악재	이슈	이상 유무	저평가	미래 추정

시장	업황	기업 리서치	추적관찰	적정가격
시장 흐름	분위기	투자기업 발굴	투자 지속 여부	기대감

자료: 에임하이파트너스 교육자료

차트나 수급을 공부할 게 아니라, 회사를 분석할 수 있는 체력을 길러야 한다. 결국 실적에 초점을 맞춰서 우리는 기업분석을 배워야 한다.

도 하지만, 우리나라에 많은 투자자가 올바른 투자 방향으로 주식투자를 했으면 하는 바람 때문이다. 그리고 이 업에 종사하는 사람으로서, 주식투자를 더 이상 숨어서 하지 말고 떳떳하게 하기 바라는 마음이 크다. 많은 사람이 '주식투자는 위험하지 않다'는 인식을 가지기 바란다. 그리고 우리나라에 만연해 있는 '주식투자 하면 망한다'라는 인식에서 벗어날 수 있기를 간절히 소망한다. 그리고 더 나아가 금융 지식을 쌓고, 해외 주식투자에서도 좋은 결과를 얻어 우리나라 투자자들도 해외 투자를 외화벌이 수단으로 활용했으면 좋겠다.

우리나라에 주식 교육업체들이 정말 많다. 하지만 대부분 차트 강의와 단타, 기술적 분석을 주로 가르치고 있다. 소위 전문가라는 사람들이 어깨 너머로 배우면서 기술적 교육과 종목 리딩을 동시에 하고 있다. 결과라도 좋으면 문제없겠지만, 회원 모집에만 목적을 두고 진행하는 경우가 많다.

너무 안타까운 현실이다. 나도 과거에 이런 강의를 유료 결제하고 들었지만 남는 게 없었다. 지금 생각하면 너무 아까운 돈이다.

그렇다면 어떤 강의를 들어야 할까? 주식의 기초, 공시 해석, 재무제표, 사업 보고서, 뉴스/기사 해석하는 방법, 투자지표 도출, 적정주가 산정, 기업 트래킹, 주식담당자와 전화하기, 애널리스트의 리포트 해석 방법 등 주식투자에 꼭 필요한 내용과 방법을 알려주는 교육 강의를 들어야 한다. 필자가 진행하는 주식 기초 A부터 주식 심화 Z까지 알려주고 훈련하는 교육 강의도 체계적으로 준비되어 있다.

필자의 교육 강의 목표는 교육생들이 직접 투자 회사에 전화를 걸어서 원하는 정보를 얻어내고, 투자 기업을 스스로 찾아서 기업을 분석하는 능력까지 갖추게 하는 것이다. 절대 어렵지 않다.

그리고 방향성을 알고 있다면 독학도 물론 가능하다. 교육받지 않고도 독학으로 관련 책도 많이 읽고, 검색해보고, 주변 투자자들에게 도움을 받는다면 충분히 가능하다. 필자 또한 스스로 이 길을 걸어왔고, 주변 지인들도 자리를 잡기까지 많은 도움을 주었다.

여의도 세미나도 많이 다녀보고, 주식 특강, 스터디 모임도 참석해보는 것이 좋다. 계속 다니면서 보고 들으면 투자가 재미있어진다. 배움의 즐거움을 느끼는 순간, 주식투자도 재미있어진다. 현실에서만 아등바등하지 말고 지금 마음먹었을 때 공부하고, 투자해보자. 신세계가 펼쳐질 것이다.

필자는 여의도 세미나에 다니면서 투자 실력을 키워나갔다. 직접 가서 듣는 게 훨씬 더 좋다고 생각했다. 다녀온 후 투자관이 달라질 수 있다. 합

대림산업 – 주식 세미나 참석 후에 발굴한 기업

자료: 네이버증권 차트

세미나 참석 후 대림산업의 매력을 많이 느꼈다. 저평가되어 있고, 성장성도 확인할 수 있었다. 결국 시장에서는 대림산업의 가치를 알아줬고, 주가도 상승했다. 다양하게 듣고, 올바르게 판단하는 게 중요하다.

동 IR, 개별 IR, 세미나, 수요 강좌 등 다양하게 참여해봤는데 그중에서도 인상 깊었던 세미나를 소개해보려고 한다.

이경자 애널리스트가 금융투자교육원에서 건설업 관련 세미나를 한 적이 있다. 전반적인 부동산과 건설시장에 관해 설명해줬는데 전체적인 흐름을 이해할 수 있어서 좋았다. 특히 건설업 중에서도 대림산업(종목코드 000210)을 가장 좋게 이야기했는데 필자 또한 솔깃했다. 대림산업의 주가는 저평가 상태였다. 필자가 세미나를 들었을 당시 주가는 7만 8,000원 수준이었고, PER은 6배 정도였다. 그 뒤로 주가가 7만 원까지 빠지기도 했지만, 결국 시간이 흘러 10만 8,000원까지 올라갔다. 저평가된 주식은 시간이 흐르면 제자리로 간다는 것을 느꼈다. 물론 실적 성장이 뒷받침되어야 주가는 상승할 수 있다.

누구나 갈 수 있는 사이트로, 전국투자자교육협의회 사이트에 가면 정례 수요 강좌 메뉴가 있다. 누구나 참석할 수 있으니 부담 없이 들어보자. 필자도 이 수요 강좌에서 건설업 관련 세미나를 통해 대림산업에 대한 내용을 듣고 좋은 기업을 발굴할 수 있었다. 용기를 내서 여의도 세미나에 직접 가보자.

기본을 익히면 응용도 가능하다
국내 주식투자부터 마스터하라

요즘 백화점 강의를 하다 보면 많은 투자자가 미국 주식을 갖고 있다. 그런데 왜 그 주식을 샀는지 질문하면 "증권사 직원이 추천해줬다, 앞으로 한국보다는 미국 주식이 좋을 것 같아서 매수했다"라고 대답한다. 미국 주식이 좋을 수도 있지만, 기본적으로 기업분석하는 방법을 먼저 알아야 한다. 국내 기업분석 방법도 숙지하지 않은 채, 바로 해외 주식에 뛰어든다면 어려움이 생길 수 있다.

먼저 국내 주식투자부터 진행해보자. 재무제표, 사업 모델, 사업 보고서, 주식담당자와 통화 등 이런 부분은 배우면서 진행해야 한다. 미리 국내 주식을 통해서 충분히 배우고, 기업분석이 자유자재로 가능할 때 이를 해외 주식에 적용해보면 크게 무리가 없을 것이다.

야후 파이낸스에서 애플을 조회해본 결과를 보자. 투자지표, 주식 용어 등은 거의 비슷하게 사용하고 있다. 그래서 국내 주식투자를 배우면 미국이나 다른 해외 주식도 어렵지 않다. 그리고 요즘은 무료 번역 프로그램도 좋아서 해당 영어 페이지를 한국어로 쉽게 번역할 수 있다.

해외 주식 – 야후파이낸스에서 미국 주식 정보를 얻어낼 수 있다

야후 파이낸스를 검색해서 들어가면, 미국 주식의 주가 정보를 알아낼 수 있다. 번역도 쉽게 할 수 있어서 정보 검색에 용이하다.

해외에 주식투자할 때에도 관심 종목을 입력해두자. 일단 대표적으로 애플, 넷플릭스, 아마존, 테슬라 등을 등록하고 주가 흐름을 지켜보자. 그리고 시간적으로 여유가 되면, 최근 주가가 왜 오르고 내렸는지 체크해보자. 이렇게 해보는 이유는 국내 기업 투자에도 기회가 될 수 있기 때문이다. 만약 애플이 판매 부진으로 주가가 하락한다면 우리나라의 삼성전자, SK하이닉스 반도체에 악영향을 줄 수 있다. 결국 실적에 타격을 받아 주가 하락으로 이어질 것이다. 그렇게 되면 관련 반도체 소재, 장비 업종들의 주가도 움직이기 힘들어진다. 또한 테슬라가 2019년 1분기 실적이 실망스러웠다면 국내 2차 전지업체들도 실적에 악영향을 받게 된다. 때문에 전 세계 최대 플레이어의 흐름 또한 점검해볼 필요가 있는 것이다.

필자가 궁극적으로 바라는 것 중 한 가지는, 우리나라 개인투자자들이 주식투자를 잘 배워서 해외 주식투자에서 큰 수익을 얻는 것이다. 기업만 수출하라는 법은 없다. 개인도 이렇게 해외 주식으로 외화를 벌어올 수 있다. 그러기 위해서는 일단 국내 주식의 흐름부터 이해해야 한다. 국내 주식에서 좋은 성과가 나온다면, 해외 주식도 같이 공부해나간다.

필자도 요즘 미국 주식을 공부하고 있다. 일단 애플, 구글, 아마존, 넷플릭스, 마이크로소프트 등 대형주들의 비즈니스 모델과 수익성을 공부하고 있다. 확실히 국내 주식을 계속 공부했기 때문에 미국 주식도 어렵지 않게 느껴졌다. 기업 정보를 해석하는 데에도 큰 어려움을 느끼고 있지 않다. 향후에는 미국, 중국, 신흥국 등 다양하게 공부해볼 예정이다. 향후에는 투자를 국내에 국한하지 않고, 전 세계의 좋은 기업을 찾아다닐 계획이다. 그렇게 투자할 시기가 기다려진다.

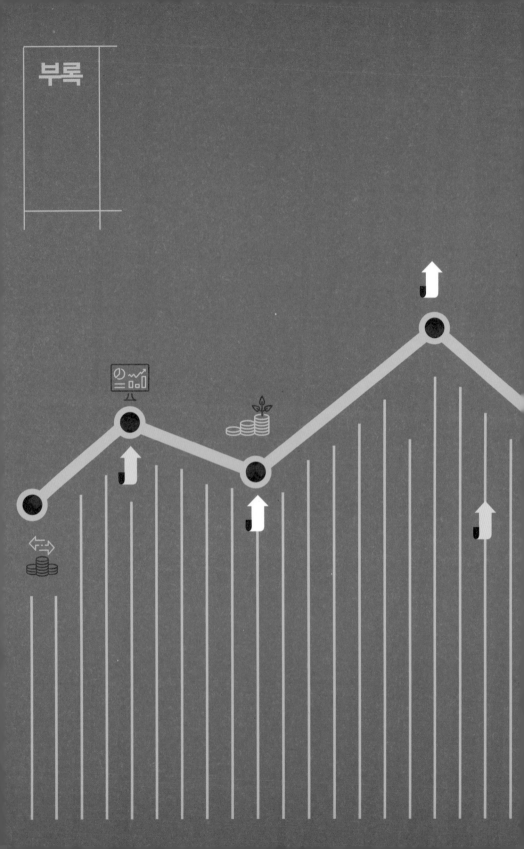

부록

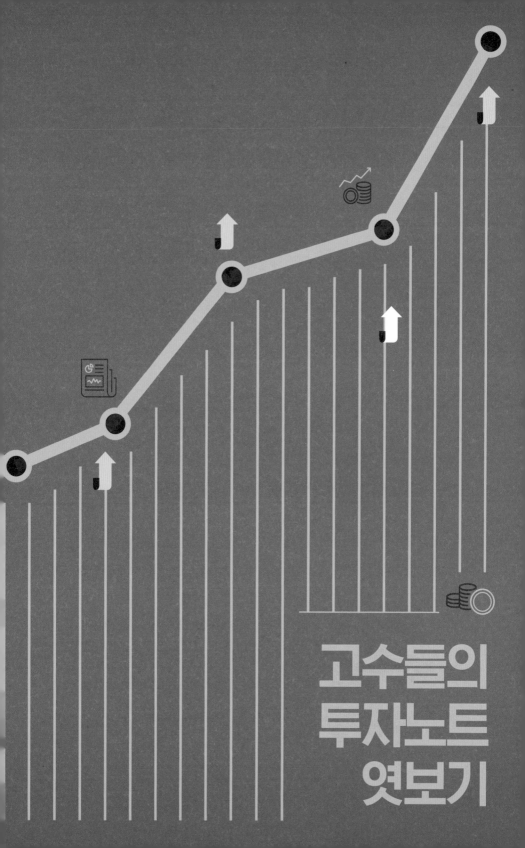

고수들의
투자노트
엿보기

투자노트가
당신을 구원할 것이다

필자가 본격적으로 투자 공부를 했던 시기는 퇴사한 이후부터다. 그리고 퇴사하고 나서 본격적으로 진행했던 건 투자노트 작성이었다. 지금은 노트북에 내용을 작성하지만, 당시에는 노트에 직접 공부한 내용을 필기하고, 기업분석을 진행했다. 기업 탐방을 가더라도 항상 노트에 필기했다. 집에 있는 투자노트만 5권이 된다. 그 정도로 열심히 배우고 공부했다. 기업분석, 기업 탐방, 투자 포인트 점검, 주식담당자와 통화 내용, 투자지표, 질의응답, 리포트 자료 요약, 신문 스크랩 내용, 최근 트렌드 분석 등 다양한 내용을 기록했다. 필자가 투자자로 자리 잡기까지 큰 힘이 되어주었다.

　최근에는 내용이 더 방대해지고, 보는 정보가 많다 보니 직접 필기하기가 쉽지 않았다. 그래서 노트북에 자료를 모으고, 투자노트를 작성하고 있다. 처음에는 익숙하지 않았지만, 점점 검색도 쉬워졌고 자료 정리도 수월해졌다. 무슨 일에든 정확한 정답이 없듯, 자신에게 맞는 스타일로 진행하면 된다. 직접 쓰는 게 편하면 투자노트에, 노트북으로 검색하거나 기록하는

필자의 실제 투자노트

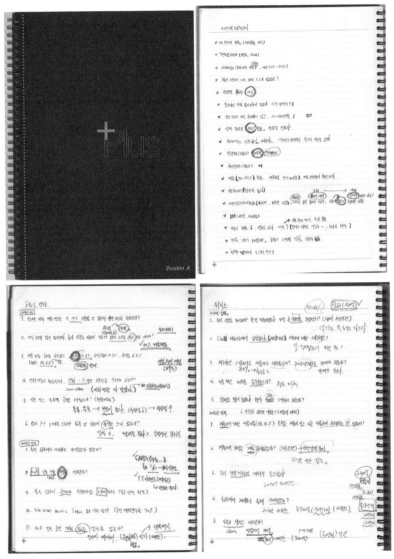

투자노트를 하나 만들어서 활용하면 좋다. 기업 정보, 투자 방식, 투자 매매 결과, 피드백 등을 기록하면 훗날 투자 보물서 및 지침서가 될 것이다.

투자 노하우 - PC 폴더 정리 방법

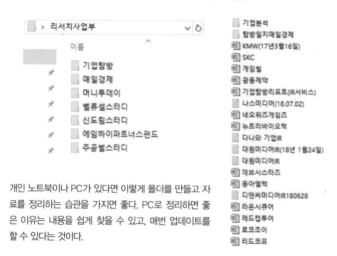

개인 노트북이나 PC가 있다면 이렇게 폴더를 만들고 자료를 정리하는 습관을 가지면 좋다. PC로 정리하면 좋은 이유는 내용을 쉽게 찾을 수 있고, 매번 업데이트를 할 수 있다는 것이다.

것이 편하면 노트북에 정리하면 좋다.

PC에 관리하면 폴더별로 파일을 나눠서 진행하면 좋다. 스터디, 기업탐방, 포트폴리오 등으로 편성해서 리서치 자료를 모아가고 있다.

기업 탐방을 자주 다니다 보니, 해당 회사를 다녀와서 내용을 바로 정리하고 있다. 향후 업데이트되는 내용은 전화나 기업탐방을 다녀온 후 추가로 수정한다. 이렇게 반복하다 보면 튼튼한 데이터가 쌓이고, 추가로 검색하거나 내용을 찾아볼 때 손쉽게 검색해볼 수 있다. 이렇게 10년, 20년 데이터가 쌓이면 어떻게 될까? 바다에서 찾는 보물섬이 부럽지 않을 것 같다. 필자 역시 앞으로도 초심을 잃지 않고 꾸준하게 자료를 수집해나갈 계획이다.

기업에 투자를 시작하고 나면, 투자 일지를 작성한다. 투자 기간, 투자 비

필자의 투자노트 작성법

 투자노트

오텍

종목명	오텍(종목 코드 067170)			PER	PBR	ROE
시가총액	1,970억 원	2016		7.9	1.3	18
주가	1만 2,800원	2017(E)		6.5	1.1	19

매수가	1만 2,750원
목표주가	1만 6,000원
투자기간	2018년 2월 6일~4월 30일
투자비중	20%
투자의견	오텍은 주업이 특수차량이지만, 캐리어 지분을 인수한 후에는 에어컨 판매가 주를 이루고 있다. 매출 비중도 70% 근처이기 때문에 가전업체라고 봐도 무방하다. 그러다 보니 계절적인 요인을 많이 따르고 있다. 날씨가 더워지는 여름에 매출이 더 잘 나오고, 2,3분기 매출이 집중되고 있다. 그래서 겨울이면 주가가 싸지고, 날씨가 최고로 더워지면 주가는 고점에 있는 형태를 최근 3년 동안 보여왔다. 또한 최근에는 공기청정 기까지 진행을 하면서 미세먼지 수혜주로 부각을 받고 있는 상황입니다. 주가는 저평가이고, 성장성도 좋고, 업황트렌드에 맞게 움직이고 있다. 여기에 계절적인 모멘텀까지 더하다보니 투자 환경은 좋다고 본다. 비지니스 모델도 다양해서 멀티플도 향후 더 높게 받을 수 있다.

투자 포인트

1. 여름 계절 수혜주, 에어컨 판매 기대감
2. 1차 상품 택배 증가에 따른 냉동탑차 증가
3. 미세먼지 수혜주, 공기청정기, 스타일러 진출
4. 저평가+성장성 보유한 기업
5. 계절주 패턴
6. 남북 철도 테마주

투자 리스크	투자등급
1. 원자재 가격 상승에 따른 이익 감소 2. 예상 전망치 대비 실적이 못 미치는 우려	업황: ★★★★☆(18점) 실적: ★★★★★(20점) 성장: ★★★★☆(18점) 사업: ★★★★☆(18점) 기술: ★★★★☆(16점)

중, 투자 포인트, 매도 이유를 점검하면서 구체적으로 피드백을 진행한다. 이런 피드백 작업이 있어야 다음 투자 때 똑같은 실수를 하지 않게 되고, 성공 포인트를 잘 기억할 수 있다. 그러면서 자신의 투자관도 확립되고, 투자 방향도 올바르게 잡을 수 있다. 지금까지 이렇게 하지 않았다면 지금부터 바로 실행해보자.

자료를 정리하는 습관은 필수다. 혹시 어떤 기업에 투자해 수익을 내고 잘 매도했지만, 만약 이후에 외부 노이즈로 주가가 반 토막 난 상황이라면 다시 그 기업을 들여다볼 필요가 있다. 이때 그 기업에 대해서 정리해두었던 자료는 귀중한 역할을 한다. 과거에 기록해두었던 자료를 꺼내보고, 다시 투자해도 되는지 확인해봐야 한다. 그리고 IR, 전화, 리포트, 뉴스 기사 등으로 최근 내용을 업데이트하면 투자 기회를 살릴 수 있는 것이다. 새로운 기업을 물색하는 시간과 노력에 비하면 거의 10분의 1도 안 들어가기 때문에 자료를 꾸준히 모아 잘 관리하는 것이 좋다.

이렇게 10~20년 꾸준하게 작업한다면 전체 상장사의 절반은 데이터에 저장되어 있을 것이다. 일기를 쓰듯이, 투자 당시의 생각과 심리까지 기록해둔다면 더 좋을 것이다. 그러면서 자신만의 투자 원칙과 철학이 확립되는 것이다. 이 과정이 학습과 반복으로 다져진다면 투자에 있어서 더 좋은 결과를 만들어낼 수 있다.

"유연한 투자는 힘이 세다"
김진수 고수

김진수 님은 정보통이라고 할 정도로 모르는 게 없다. 다양한 섹터를 연구하면서 기업을 깊이 있게 분석하고 투자한다. 투자 기업 수는 10~15개 내외이고, 투자 포인트가 훼손되지 않는 한 조금 긴 호흡으로 투자한다. 특히 손절매할 때는 냉정하게 대응하면서 손실을 최소화한다. 함께 투자 공부를 하며 이런 부분을 많이 배웠다.

첫 만남은 필자가 운영했던 네이버 주식투자 카페 모임에서였다. 정기적으로 모임을 했는데, 가끔 참석하면서 이야기를 나누다 조금씩 친해졌다. 그런데 모임에 나올 때마다 이야기하는 수준이 점점 높아졌다. 모르는 게 없을 정도로 줄줄 이야기했고, 그 모습이 정말 멋있어 보였다.

5년 전 필자는 기업분석을 잘하지 못했다. 열정은 많았는데 실력은 없었다. 그때 당시 퇴사하면서, 공부하는 모임을 만들고 싶었다. 그래서 진수 님에게 스터디 모임을 제안했다. 실력은 없었지만 좋은 모임으로 이끌어 보겠다고 약속했다. 다행히 허락을 해줬고, 기업분석 스터디 모임을 같이 하게 됐다.

처음에는 기업분석을 하고 발표했지만 지금 생각하면 쑥스러운 수준의 발표였다. 하지만 스터디 멤버들은 고맙게도 실력이 올라올 때까지 기다려줬다.

어느 날 진수 님이 필자를 따로 불러서 고민을 들어줬다.

"재웅아, 애널리스트 리포트부터 읽으면서 공부해봐. 매일 꾸준하게 해봐. 그게 중요해. 특히 산업 리포트 위주로 많이 읽어. 너한테 많이 도움이 될 거야."

정말 감사했다. 그리고 그때부터 특별 훈련에 들어갔다. 매일 산업 리포트와 기업 리포트를 5개씩 꾸준하게 읽었다. 6개월 정도 하자, 이제 제법 감이 생겼고, 기업분석에 대한 자신감이 생기기 시작했다. 그리고 이 스터디 모임에 도움을 조금씩 줄 수 있게 되었다. 스터디 멤버 중에서 필자가 가장 부족했기 때문에 더 열심히 발품 팔고, 기업분석에 매진했다.

집으로 가는 방향이 같아서 가끔 차를 태워주시곤 했다. 그때도 주옥 같은 투자 이야기를 많이 들을 수 있었다.

"주식투자는 유연한 생각이 제일 중요한 것 같다. 상황에 따라 기업들의 투자 분위기가 달라질 수 있는데 빠르게 해석해서 대응해야 한다."

정말 중요한 조언이었다. 투자를 하다 보면 악재나 호재를 접하게 되는데, 그럴 때 빠르게 해석해서 대응하는 것이 필요하다. 장기적으로 실적에 악영향을 주는 이슈라면 매도했다가, 다시 좋아지는 시점에서 재매수하는 전략이 필요하다.

"모멘텀도 있으면 더 좋다. 회사가 실적도 잘 나오는데 모멘텀까지 있으면 투자 시기를 조금 더 앞당길 수 있는 효과가 있다. 물론 모멘텀은 보너스 개념으로 생각해야 한다."

자료: 네이버증권 차트

진수 님은 상신이디피를 스터디 때 소개하고 발표했었다. 매수했던 가격 때는 5,000~6,000원이었다. 상신이디피는 2차 전지 섹터로 진출하면서 실적이 크게 개선됐고, 성장 동력을 만들어냈다. 주가도 바닥 대비 4.5배 이상 올랐다.

그렇다. 굳이 모멘텀 투자와 가치투자를 분리할 필요가 있을까? 둘 다 해당하는 기업을 찾으면 더 좋은 투자가 될 수 있었다. 이런 게 바로 유연한 투자라고 생각한다.

진수 님은 수많은 기업을 매매해서 큰 수익을 거뒀다. 최근에 '상신이디피(종목코드 091580)' 투자를 보고 깜짝 놀랐다. 저가에 사서 큰 수익으로 가져갈 수 있었다. 발표할 당시만 해도 회사의 체질 개선과 전기차 시장 수요가 조금씩 늘어났던 상황이다. 그것을 잘 포착해서 좋은 투자의 사례가 되었다. 이 외에도 다양한 섹터에서 안정적으로 수익을 내고 있다.

하나부터 열까지 옆에서 모든 것을 배우고 싶었다. 결과물도 결과물이지만, 이끌어가는 과정이 너무 합리적이었다. 시장을 보는 냉정함, 투자의 감각, 기업분석 그리고 세심함까지 배울 게 정말 많았다.

2019년 3월에는 〈한국경제〉 신문에 진수 님이 인터뷰한 내용이 나왔다. 지금까지 투자했던 기업들과 투자 원칙을 소개했다. 나이스정보통신(종목코드 036800), 우진플라임(종목코드 049800), 자화전자(종목코드 033240), 그라비티 등 모두 스터디에서 발표했던 기업이다. 그리고 철저히 분산투자하고, 매일 기사를 확인해서 투자 기업의 이상 유무를 따지고 있다고 말한다. 이러한 투자 원칙을 철저히 지켜왔기 때문에 성공적으로 수익을 내지 않았을까?

투자에 있어서 절대 고수는 없지만, 내 마음속에서는 고수라고 생각한다. 투자 대가가 아무리 좋은 기업을 소개한다고 해도, 진수 님은 논리적이지 않다고 생각하면 당당하게 비판하고 이야기할 수 있는 분이다. 물론 사실과 근거를 가지고 요목조목 상대방에게 되물을 것이다. 필자도 내공을 더 쌓아서 더욱 날카로운 투자자가 될 모습을 그려본다.

"집중투자로 승부하라"
여의도 황소

여의도 황소 님은 집중투자 스타일로 투자 자금을 많이 모았다. 투자 기업에 대한 확신과 산업에 대한 미세한 변화를 미리 캐치해서 바닥에 매수해서 고점에서 파는 전략을 취했다. 확실한 기업이 아니면 투자하지 않는 스타일이어서 투자의 성공 확률이 높았다. 금액이 커져도 집중투자 스타일로 투자했고, 이 방식이 더 안전하다고 생각한다.

투자 모임으로 만나 뵌 지 5년이 됐다. 지금은 친목 모임으로 저녁 식사도 하면서 투자 이야기를 나누고 있고, 조금은 자유롭고 편안하게 투자 모임을 하고 있다. 스터디 4개를 진행하고 있는데 형식적인 스터디도 좋지만이렇게 자유로운 스타일의 스터디 모임도 좋다. 다양한 생각과 창의적인아이디어를 끌어낼 수 있기 때문이다. 이야기를 나누다가 좋은 기업이 있으면 같이 투자하기도 한다. 과거 제이에스티나(구 로만손) 투자 때도 〈태양의 후예〉를 보면서 같이 트래킹하고, 투자에 대한 의견을 많이 공유했다. 그래서 팀원 모두가 좋은 수익 결과를 얻을 수 있었다.

여의도 황소 님은 선견지명이 뛰어났다. 2016년 여름쯤, 여의도에서 같

SK하이닉스 – 여의도 황소 님이 저가에 매수해서 약 75%의 수익을 얻었던 투자 사례

자료: 네이버증권 차트

여의도 황소 님은 2만 7,000원 부근에서 SK하이닉스를 저가 매수했고, 4만 7,000원 이상에서 매도하면서 75%의 수익을 가져갔다. 투심이 가장 안 좋았던 시점에서 향후 미래 기대감으로 매수할 수 있었다.

이 택시를 타고 간 적이 있었는데 뜬금없이 이런 말을 했다.

"재웅아, 중국에서 반도체 수요가 증가하고 있다. 휴대폰 판매량도 증가하고 있어서 앞으로 반도체 D 램 가격이 반등할 것 같다. 나는 SK하이닉스 지금 가격 때(약 2만 7,000원)에 계속 사 모아가고 있다. 너도 한번 공부해봐. 좋은 기회가 될 것 같아."

필자는 당시에 SK하이닉스에 투자하지 못했다. 그렇게 좋은 힌트를 얻고도 공부를 따로 하지 않았다. 여의도 황소 님은 SK하이닉스에 집중적으로 투자해서 많은 수익을 얻었다. 정말 대단했다.

LG전자도 바닥에서 매수했는데, 인력 감축으로 인한 이익이 많이 증가할 것으로 봤다. 더 나빠지지 않을 것으로 봤고, 휴대폰 사업부에서 흑자 전환으로 이어질 것으로 봤다. 또한 가전도 인지도가 계속 올라가면서 이

LG전자 - 여의도 황소 님이 저가에 매수해서 약 80% 수익을 얻었던 투자 사례

자료: 네이버증권 차트

여의도 황소 님은 4만 5,000원 부근에서 LG전자를 저가 매수했고, 8만 1,000원 이상에서 매도하면서 80%의 수익을 냈다. 대형주 섹터도 회사 방향이 옳다면 수익을 크게 낼 수 있다는 것을 보여주었다.

익을 챙겨갈 수 있었던 상황이었다. 매수 당시의 주가가 신저가를 기록했음에도 불구하고 흔들리지 않고, 집중적으로 투자하면서 큰 수익으로 마무리했다.

이뿐만 아니라 비에이치(종목코드 0904600), CJ E&M(종목코드 035760), 삼성전자, 마이크론 등에서도 좋은 결과를 얻었다. 대부분 투자 포인트가 명확했고, 투자 포인트가 훼손되면 칼같이 매도해서 리스크를 축소했다. 또한 본업이 꾸준히 유지되는 기업을 선호했다. 본업이 무너지면 투자가 쉽지 않다는 것을 충분히 잘 알고 있었다. 또한 투자에 성공한 기업들에서는 긴 호흡으로 수익을 크게 가져가고, 실패한 기업들은 손실을 최대한 짧게 가져갔다. 그러다 보니 누적 수익률도 빠른 속도로 커졌다. 부러웠고, 존경스러웠다.

추가로 회사의 방향성을 굉장히 중요하게 생각한다. 미래에 대한 비전, 수익성, 비즈니스 모델 등이 매력적인 기업을 선호한다. 똑같은 돈을 벌더라도 장기적인 성장이 가능한 기업을 선호한다. 그리고 주가까지 바닥에 있다면 비중을 크게 가져간다. 이게 가장 큰 투자 원칙이자, 성공 포인트가 아닐까 싶다.

필자가 투자하다가 힘들 때면 조언을 많이 해주셨는데, 큰 위로가 됐고 성장할 수 있었다. 지금도 여전히 항상 감사하게 생각한다. 필자 또한 여의도 황소 님처럼 투자에 있어서 다른 투자자들에게 올바른 방향을 알려주고 힘이 될 수 있는 선배 투자자가 될 것이다.

투자 고수들의
6가지 공통점

현재 필자는 4개의 투자 스터디 모임을 하고 있다. 특정 기업을 발표하는 모임, 포트폴리오를 발표하는 모임, 탐방을 같이 다니는 모임, 저녁 먹으면서 투자 이야기를 하는 모임이 있다. 실력 있는 분들과 함께한 지 6년이 되었다. 이 스터디 모임에서 많은 기업 정보를 알게 되었고, 실제로 투자까지 이어져서 좋은 결과를 얻었다. 그래서 필자는 스터디 모임을 정말 소중하게 생각하고, 보물이라고 생각한다.

이 모임에는 투자 결과가 좋은 스터디 멤버가 많다. 지속해서 수익이 나서 금액이 커진 스터디 멤버가 대부분이고, 일부는 한 번에 투자 금액이 커진 경우도 있다. 필자가 6년간 발표도 하고, 다른 사람의 발표도 들어보면서 느낀 점이 많았다. 이렇게 잘하는 스터디 멤버와 함께 활동하면서 투자 스타일이나 노하우를 많이 배우게 되었다. 그리고 투자에 있어서, 이런 스터디 멤버의 공통적인 특징을 발견할 수 있었다.

- 기업을 깊이 있게 분석하고 투자한다.
- 투자 기업을 트래킹하고 정보를 바로 해석하고 대응한다.
- 자신만의 방식대로 발품을 뛴다.
- 투자 포인트가 훼손되면 투자 기업을 손절매한다.
- 텍스트로 된 자료를 많이 읽는다.
- 겸손하고, 자랑하지 않는다.

기업을 깊이 있게 분석하고 투자한다

매 스터디 시간마다 로테이션으로 발표한다. 발표자는 기업의 투자 포인트와 리스크를 중심으로 이야기하고, 나머지 스터디 멤버는 발표 내용을 듣고 질문한다. 정말 잘하는 스터디 멤버는 모르는 게 없을 정도로 깊이 있게 분석한다. 심지어 예상 질문의 답변까지 준비해서 대답도 척척 잘한다. 그럴 때마다 자극이 돼서 더 공부하게 된다. 그 회사의 직원보다 더 많이 알고, 분석하는 사람들이 진정한 투자 고수라고 생각한다.

투자 기업을 트래킹하고 정보를 바로 해석하고 대응한다

주식을 매수하면 끝일까? 그 뒤로는 무엇을 해야 할까? 투자를 잘하는 사람들은 투자 기업의 공시, 기사, 발품 정보, 산업 이슈, 정부정책, 세계 흐름 등을 발 빠르게 트래킹한다. 사소한 정보 한 가지도 놓치지 않는다. 그리고 위험 요소가 될 만한 내용이 발견되면 바로 해석하고 대응한다. 앞으로 이익이 좋아지기 힘들다고 판단하면 과감히 손절매를 진행하고, 일회적인 이슈라면 보유하는 전략을 취한다. 혹여나 주가가 더 하락한다면 추가매수의 기회로 삼는다. 즉 정보를 발 빠르게 분석해서 냉정하게 대응하는 것이 핵심이다.

자기만의 방식대로 발품을 판다

보통 어떻게 발품을 팔까? 상품을 직접 구매해서 사용해보거나, 게임주라면 게임을 직접 해보거나, SNS를 통해서 상품 후기를 보거나, 주식담당자에게 전화해보거나, 전방 기업의 실적 컨퍼런스콜을 들어보거나, 애널리스트 리포트를 참고하거나, 트렌드를 활용해 트래픽을 알아보는 등 다양한 방식으로 정보를 수집한다. 그저 컴퓨터나 휴대폰으로 온종일 주식 시세를 보는 것으로 시간을 낭비하지 않는다. 그 시간에 직접 기업을 트래킹하고, 회사의 이상 유무를 점검한다.

투자 포인트가 훼손되면 투자 기업을 손절매한다

투자에 있어서 가장 어려운 게 손절매다. 하지만 주식투자 고수들은 투자 포인트가 훼손되면 과감하게 손절매를 진행한다. 혹여 손실 구간이 크더라도 실수를 인정하고 바로 대응한다. 그리고 실패한 상황을 피드백해서 다음 투자에서 똑같은 실수를 하지 않도록 점검한다. 그렇게 계속 시행착오를 겪으면 투자의 실패 횟수가 점점 줄어든다.

텍스트화된 자료를 많이 읽는다

필자가 가장 존경하는 사람은 책을 많이 읽는 투자자다. 다양한 책을 읽고, 다양한 생각을 통해 좋은 투자 아이디어가 나온다. 일부 투자 고수는 하루에 5개의 신문을 읽고, 주간지도 빠짐없이 읽는다. 그뿐만 아니라 책도 일주일에 2~3권씩 읽으면서 투자 근육을 단련한다. 필자 또한 이 부분을 중요하게 생각해서 노력 중이다. 아침에 30분간 신문을 읽고, 산업 리포트 2~3개를 꾸준히 읽는다. 처음에는 정말 힘들었는데 이제는 습관이 돼서 일상이 되었다. 뭐든지 꾸준함이 중요하다.

겸손하고, 자랑하지 않는다

투자 고수들은 모두, 절대 돈을 벌었다고 자랑하지 않는다. 생활 습관도 검소하고, 아껴 쓰는 습관을 지니고 있다. 보통 돈을 벌면 자랑하고, 펑펑 쓸 것이라고 생각하지만, 절대 그렇지 않다. 오히려 돈을 벌어서 불우이웃을 돕는다거나 기부를 해서 행복을 나누려는 고수들도 있다. 행동이나 말투에서 겸손함이 느껴진다. 그리고 기업분석도 열심히 한다.

이처럼 고수들은 시장을 냉정하게 바라보고 투자한다. 투자 기업을 세심하게 분석하고, 트래킹해서 좋은 결과로 이어지게 한다. 이런 분들의 옆에서 같이 활동을 하다 보니, 그런 투자 스타일을 많이 배우게 되었다. 이 책을 읽고 있는 투자자들도 이러한 투자 습관을 배워나갔으면 좋겠다.

어떠한 투자든 서로 정보를 공유하는 모임이 있으면 좋다. 혼자서 하는 투자는 주식시장이 요동칠 때 심리적으로 불안함을 겪게 되고, 실수를 반복할 수 있다. 지금과 같은 저금리 시대에서 단타 매매가 아닌 장기투자를 지향한다면 더욱 정보 공유 모임이 필요하다.

또한 모임을 운영하거나 참석하게 된다면, 모임의 원칙을 정하고 이를 따를 필요가 있다. 좋은 뜻과 강건한 의지로 시작된 모임이라도 누군가는 주식투자로 수익을 내고, 누군가는 투자금을 잃고 있다면 없던 시샘과 질투가 생기기도 한다. 원칙 없는 투자가 투자자를 벼랑 끝으로 내몰듯이 원칙 없는 모임은 갈등만 증폭시킬 수 있다.

대부분 오래 가지 못하는 투자 모임을 보면 발표 준비도 없이 모임에 참석하거나, 주식 시장이 좋지 않은 상태라고 결석하거나, 스터디 시간보다 친목을 다지는 시간을 더 많이 챙기는 경우가 대부분이다.

잘 운영되는 스터디 모임을 살펴보면 모임 전에 미리 발표 자료를 올려서 스터디 회원들이 사전에 볼 수 있게 하고, 스터디 당일에는 자유롭게 토론하는 모습을 볼 수 있다. 무임승차 하는 회원들을 줄이고 열심히 하는 회원들은 대우받는 분위기가 형성된다.

필자가 참석했던 스터디 모임을 보면 회원의 상당수가 직장인이었다. 평일에 시간을 쪼개서 공부하고 저녁 시간과 주말을 활용해 모임에 참석하는 열정의 소유자들이었다. 그들은 시장에서 살아남기 위해서 엄청난 노력을 쏟아부었다. 한 달에 한두 번 열리는 기업분석 모임에 참석할 때도 직장인이어서 대충한다는 소리를 듣기 싫어서 더 많은 분석 자료를 내놓기도 했다. 수익을 내는 투자자가 많은 모임은 이런 식으로 운영된다.

앞서 투자 고수들의 6가지 공통점을 이야기했다. 이 6가지 습관을 빠짐없이 실천한다면, 당장 고수익을 내는 투자자가 될 것이라는 장담은 못하더라도, 잃지 않는 투자자가 될 것이라는 건 장담할 수 있다.

앞을 보되 뒤를 되짚어볼 줄 아는, 뒤를 생각하되 앞을 볼 줄 아는 투자자가 되길 기원한다.

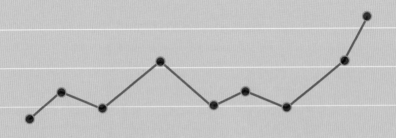

떨어지는 칼날 앞에서
두려워하지 마라

잃지 않는 투자자가 되려면

이 책을 모두 읽은 당신에게, 이제 선택만이 남아 있다. 책에 있는 내용을 하나씩 실천해볼 것인가, 아니면 그냥 이론으로만 습득하고 지나칠 것인가? 주식을 처음 매매할 때 설렜던 마음을 생각해보자. 부푼 기대감을 갖고, 반드시 수익을 내겠다고 마음먹었을 것이다.

지금 당신의 마음은 어떤지 점검해보자. 여전히 초심을 잃지 않고, 주식 투자 공부와 투자 경험을 통해 자신만의 노하우를 습득했는가? 만약 주식 투자에 입문했을 때와 비교해서 발전이 없다면 여전히 당신은 초보자로 남아 있는 것이다. 초보와 중수는 결국 실행력과 투자 습관이 결정한다.

- 경제신문과 산업 리포트 읽기
- 관심 기업을 검색하고 분석하기
- 다독하기(책, 카페, 블로그, 뉴스 / 기사 등)

이 항목들을 하루 이틀만 실천한다고 달라지지 않는다. 적어도 6개월 이상은 꾸준히 해야 기업을 바라보는 눈이 생기고, 어떤 기업을 선정해야 하는지 나만의 기준이 생긴다. 많이 읽고, 검색하고, 분석하는 습관을 길러야만 기업을 선별하는 눈이 까다로워진다.

6개월만 꾸준히 해보자. 아침에 출근하기 전까지 경제신문을 읽고, 주중에 틈틈이 모바일이나 PC로 산업 리포트를 읽고, 퇴근 후에는 아침에 읽었던 신문 내용 중에서 궁금했던 기업을 검색하고, 분석하는 습관을 가져보자. 또한 카페, 블로그 글이나 기사 등을 틈나는 대로 읽어보자. 매일매일 하지는 못하더라도, 포기하지 않고 습관적으로 해보는 게 중요하다.

필자는 주식투자로 한 번 수익을 많이 낸 경험이 있다고 고수라고 생각하지 않는다. 분명한 이유를 모르고, 운으로 낸 수익은 한두 번에 그치게 될 것이다. 수익을 지속적으로 내고 있고, 자신의 투자를 논리적으로 풀어갈 수 있는 사람이 진정한 투자 고수다.

투자 고수들은 공통으로 비판적인 분석력, 냉철한 판단력, 겸손함 이 3가지를 가지고 있다. 비판적으로 기업을 분석하고, 투자 상황에 따라 냉철하게 대응하고, 수익이 많이 났어도 겸손하게 꾸준히 공부하는 태도를 가지고 있었다. 또한 투자 고수들은 "주식투자는 유연하게 생각하고 대응하라"고 말한다. 즉 상황을 폭넓은 시각으로 파악하고, 냉정하게 대응하는 것이다.

거친 파도가 넘실대는 투자의 바다로 나서려면

혹시 투자 기업의 상황이 악화돼서 내가 샀던 가격보다 주가가 하락하는 기업에 계속 투자한 경험이 있지 않은가? 분명히 앞으로 회사의 실적이 개선되기 힘들 것 같은데도 손실이 났다는 이유로 하염없이 계속 들고 간

경험이 한 번쯤은 있을 것이다. 필자 또한 이런 경험이 많다.

이런 경우는 어떻게 해야 할까? 우리가 흔히 겪고 있는 현상이다. 회사가 향후 몇 년 안에 개선되기 힘들 것 같으면 발 빠르게 대응해야 한다. 이것이 최소한으로 손실을 막을 방법이다. 하지만 대부분은 내가 산 가격으로 주가가 올라올 때까지 기다리는 경우가 많다. 보통 기간이 1년이든, 2년이든, 10년이든 상관없다. 손실 없이 매도하고 싶은 게 속마음이다.

이런 투자는 잘못된 것이다. 심지어 이런 투자자는 주식 공부가 아직 덜 된 상태이고, 투자를 멈춰야 한다. 이 기업에 왜 투자했는지 이유를 모르기 때문에, 언제 매도할지 모르는 것이다. 항상 주변 사람들로부터 추천과 소개를 받고 매매하기 때문에 그 기업의 주식을 사는 이유를 정확히 모른다. 심지어 사고 나서도 이 기업이 잘하고 있는지 확인조차 하지 않는다.

내가 고른 종목의 투자 이유를 명확하게 밝힐 수 있는가

시장이 때로는 일시적인 수급 영향으로 비합리적으로 움직일 때도 있지만, 결국 시간이 지나면 시장은 합리적인 가격으로 돌아온다. 제값을 받을 기업의 주가는 올라가고, 제값을 못 받을 기업의 주가는 내려간다는 말이다. 내가 투자한 기업을 내 관점에서만 생각하지 말고, 시장으로 갖다 놔보자. 시장에서는 이 기업을 사줄 것 같은가? 외국인투자자, 기관투자자, 애널리스트 등에게 지금 이 기업의 투자를 어필할 수 있는가? 그럴만한 자신감이 없다면 내가 이 기업에 대한 공부가 덜 됐거나 확신이 없는 것이다. 즉 우리는 큰손들이 사줄 수 있는, 매력 있는 기업을 선택하고 투자해야 한다. 그러기 위해서는 명확한 투자 포인트가 있어야 한다. 투자 포인트가 바로 서지 않으면 언제 이 주식을 사야 하고, 언제 팔아야 하는지 모르는 것이다.

주식투자를 하다 보면 실패할 수도 있다. 모든 투자에서 매번 성공하는 투자자는 이 세상에 없다. 도중에 회사의 실적이 악화될 수도 있고, 뉴스에 휘말려 하락의 길을 걸을 수도 있다. 그럴 때 바로 생각하고, 빨리 대응해야 한다. 손실은 적게, 수익은 크게 가져가는 전략이 좋다.

- 워런 버핏 투자 제1원칙: 손실 없는 투자
- 워런 버핏 투자 제2원칙: 제1원칙을 지키는 것

워런 버핏의 투자 원칙을 잊지 말자. 손실을 보게 되면 결국 이성을 잃게 되고, 감정적으로 투자하게 된다. 손실을 메우기 위해서 단타, 테마, 급등주를 찾게 된다. 그 늪에 빠지는 순간 대부분 빠져나오기 힘들다. 결국 모든 것을 잃었을 때, 이 모든 게 잘못됐다고 깨달을 때는 이미 늦은 것이다. 늦게라도 깨닫는다면 다행이지만, 보통은 주식시장을 욕하면서 시장을 떠나게 된다. 반드시 기억하자. 주식투자는 유연하게 해야 한다.

주식 고수를 꿈꾸는 당신, 건투를 빈다

자, 이 책을 완독한 당신은 더 이상 초보가 아니다. 이제는 중수로 넘어가야 할 단계다. 중수로 가는 가장 빠른 길은 계획했던 바를 바로 실행으로 옮기는 것이다. 지금부터라도 주식투자에 열정을 보태보자. 올바른 주식투자로 부자가 되는 그날까지!

이 책을 쓰기까지 오랜 시간이 걸렸다. 투자자들에게 실질적인 노하우를 전달하기 위해서 많은 고민을 했다. 책을 쓰는 데 도움을 주신 한빛비즈 출판사 관계자분들께 감사를 드린다. 특히 내 경험 데이터를 모두 끄집어 내줄 수 있게 잘 이끌어주신 담당 편집자님과 긴 시간 애정 어린 시선으로 기다려주신 조기흠 대표님께 진심으로 감사드린다. 마지막으로 옆에서 가장 큰 힘이 되어준 사업 파트너이자 아내 은정이에게도 이 자리를 빌려 고맙다는 말을 전한다.